LE
SEXE
ALIBI

Couverture
- Conception graphique et illustration:
  Violette Vaillancourt

DISTRIBUTEURS EXCLUSIFS:

- Pour le Canada:
  AGENCE DE DISTRIBUTION POPULAIRE INC.*
  955, rue Amherst, Montréal H2L 3K4 (tél.: 514-523-1182)
  Télécopieur: (514) 521-4434
  * Filiale de Sogides Ltée

- Pour la France et l'Afrique:
  INTER FORUM
  13, rue de la Glacière, 75013 Paris (tél.: (1) 43-37-11-80)
  Télécopieur: 43-31-88-15

- Pour la Belgique, le Portugal et les pays de l'Est:
  S. A. VANDER
  Avenue des Volontaires, 321, 1150 Bruxelles
  (tél.: (32-2) 762.98.04)
  Télécopieur: (2) 762-06.62

- Pour la Suisse:
  TRANSAT S.A.
  Route du Grand-Lancy, 2, C.P. 125, 1211 Genève 26
  (tél.: (42-22) 42.77.40)
  Fax: (22) 43.46.46

LE SEXE ALIBI

Faites-vous l'amour pour les bonnes raisons?

Frank Hajcak Ph.D.
Patricia Garwood M.S.

Traduit de l'américain
par Louise Drolet

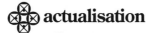 actualisation

 le jour,
éditeur

Données de catalogage avant publication (Canada)

Hajcak, Frank

   Le sexe alibi

   (Actualisation).
   Traduction de: Hidden bedroom partners.

   ISBN 2-89044-396-5

      1. Sexualité (Psychologie).   2. Relations sexuelles —
   Aspect psychologique.   I. Garwood, Patricia.   II. Titre.
   III. Collection.

   BF692.H3414 1989   155.3   C89-096502-1

Pour vous familiariser avec l'approche décrite dans cet ouvrage, vous pouvez participer à un stage ou obtenir une consultation en communiquant avec les organismes suivants:

CANADA: **Actualisation,** Place du Parc, C.P. 1142, 300, Léo-Pariseau, bureau 705, Montréal H2W 2P4
Tél.: (514) 284-2622
FRANCE: **Groupe Intervention Innovation,** 39, rue Brancion, 75015 Paris
Tél.: (1) 45.30.18.73
BELGIQUE: **École des parents et des éducateurs,** 14, Place des Acacias, B-1040 Bruxelles
Tél.: (02) 733.95.50
SUISSE: **Institut de perfectionnement,** Avenue de la Poste, 3, 1020 Renens
Tél.: 21.34.29.34

Édition originale: *Hidden Bedroom Partner*
Libra Publishers, Inc.
(ISBN: 0-87212-190-9)

Bibliothèque nationale du Québec
Dépôt légal — 4ᵉ trimestre 1989

ISBN 2-89044-396-5

AVANT-PROPOS

Pourquoi l'attirance physique entre les conjoints va-t-elle en déclinant? Pourquoi leur enthousiasme sexuel diminue-t-il avec l'âge? Pourquoi un si grand nombre d'unions en apparence réussies se brisent-elles après des années? Pourquoi les couples sentent-ils souvent que leur vie sexuelle est incomplète? Pourquoi le sexe ne répond-il pas à nos attentes?

À notre avis, c'est parce que nous utilisons la chambre à coucher comme un champ de bataille. Freud affirmait qu'une grande partie de nos comportements étaient dictés par des besoins sexuels réprimés. Pour notre part, nous croyons qu'ils sont surtout guidés par nos besoins non sexuels réprimés ou inconscients. En fait, nous faisons l'amour pour combler nos besoins d'affection, d'intimité, de camaraderie, pour trouver un refuge contre le stress ou l'ennui, ou pour libérer notre colère refoulée. Or, la satisfaction et le plaisir que nous retirons de l'acte sexuel ne comblent qu'une partie de ces besoins cachés.

Ceci entraîne deux conséquences: en premier lieu, le sexe devient moins satisfaisant, de sorte que les partenaires finissent par croire qu'ils souffrent d'un problème lié au sexe, alors que ce n'est pas du tout le cas. En second lieu, en mettant l'accent sur le sexe, ils n'arrivent jamais à résoudre leurs conflits émotionnels sous-jacents et ils sont condamnés à revivre sans cesse les mêmes batailles. Ils finissent par renoncer alors que leur relation aurait pu être sauvée.

Or, on peut empêcher les relations sexuelles d'un couple de se détériorer et on peut même les améliorer. En expulsant nos besoins non sexuels de la chambre à coucher, nous pouvons décupler notre plaisir sexuel. Voilà l'objet de ce livre qui est, en fait, un guide destiné à vous aider à découvrir le sexe sexuel, c'est-à-dire libéré du fardeau de nos besoins émotionnels.

Nous y avons inclus suffisamment de matière théorique et pratique pour qu'il puisse être utile aux thérapeutes, aux conseillers et aux éducateurs, et être utilisé dans les cours de sexualité. C'est aussi un manuel destiné aux parents qui désirent éclairer leurs adolescents sur les motifs non sexuels qui sous-tendent leurs activités sexuelles.

En effet, c'est pendant l'adolescence que s'établissent les fondements de la vie sexuelle. Les mauvaises habitudes contractées pendant cette période de formation risquent de se perpétuer à l'âge adulte. En ne renseignant pas les adolescents sur l'utilisation inappropriée du sexe, nous les condamnons à des années de sexe névrosé et non sexuel.

Ce livre se divise en trois parties. La première explique comment les besoins émotionnels non sexuels diminuent le plaisir sexuel. Nous présentons dix-sept motifs non sexuels de faire l'amour et nous offrons à la fin de chaque chapitre des suggestions concernant la manière de prévenir ou d'alléger les problèmes liés à chaque motif.

Dans la deuxième partie, nous expliquons comment on apprend à se servir du sexe pour combler ses besoins non sexuels, et nous débattons des dangers inhérents à cette attitude.

La troisième partie explique comment pratiquer le sexe sexuel. Vous y trouverez :

- des questionnaires qui vous aideront à scruter votre vie sexuelle et à découvrir les motifs tapis derrière la porte de votre chambre à coucher;
- un tableau exposant la différence entre l'amour et le sexe;
- une discussion sur les mythes concernant la personnalité de l'amoureux ou de l'amoureuse;
- une étude de la différence entre le plaisir et la satisfaction, entre entraver son plaisir et se retenir;

- une liste des nombreux avantages que comporte le fait de laisser nos besoins non sexuels hors de la chambre à coucher.

Première partie

Le sexe non sexuel

1

Qu'est-ce que le sexe non sexuel?

Pourquoi le plaisir a-t-il disparu?

Vous est-il déjà arrivé de vous sentir déprimé ou déçu après avoir fait l'amour? La plupart d'entre nous ont éprouvé ce sentiment sans en connaître l'origine. Nous l'avons peut-être imputé à la situation, à notre humeur ou à notre partenaire, ou encore nous avons mis en doute notre capacité sexuelle. En fait, notre insatisfaction est souvent attribuable à une tout autre cause: LE FAIT D'AVOIR DES RAPPORTS SEXUELS POUR DES MOTIFS NON SEXUELS! Au fond, nous recherchons autre chose. Laissez-moi vous expliquer.

De par sa nature, le sexe est censé nous procurer un plaisir mental et physique intense. Si nous suivions l'ordre naturel des choses, nous réagirions d'une manière directe et appropriée à l'émergence d'un besoin sexuel et le sexe nous procurerait le plaisir que nous en attendons.

Toutefois, le processus de socialisation a créé en nous des inhibitions sociales, morales et personnelles qui entravent notre comportement sexuel naturel. Désormais, le sexe est mêlé à des besoins et à des désirs qui lui sont étrangers: besoin d'affection et d'amour, besoin de réconfort et de sécurité, besoin d'affirmer sa virilité ou sa féminité, de se sentir unique ou d'éviter la solitude. Lorsque nous utilisons le sexe pour satisfaire l'un de ces besoins, une grande partie du plaisir que nous devrions en tirer disparaît. Or, comme le sexe ne peut tout simplement pas satisfaire nos besoins non sexuels, nous restons sur notre faim.

Comme nous sommes conscients de nos désirs sexuels, mais non de nos autres besoins, nous imputons notre frustration au sexe alors qu'il n'y est pour rien. Nous l'utilisons à tort pour exprimer nos besoins non sexuels.

Éclaircissons ce point en posant une question en apparence absurde: avez-vous déjà essayé de calmer votre faim ou votre soif en faisant l'amour? Vous me répondrez sans doute: «Bien sûr que non! Ce serait idiot!» Il est clair que le sexe vous laisserait frustré et encore plus affamé, et qu'il ne vous procurerait pas tout le plaisir que vous en attendez. Toutefois, comme vous étiez conscient de votre faim, il ne vous viendrait pas à l'idée de blâmer le sexe pour votre insatisfaction.

Or, la plupart des besoins non sexuels que nous essayons de combler dans la chambre à coucher sont plus subtils et sont inconscients. Nous éprouvons uniquement du désir sexuel. C'est pourquoi, une fois l'acte sexuel accompli, nous attribuons notre insatisfaction ou notre frustration à sa qualité médiocre.

Ces motifs non sexuels sont comme des partenaires avec lesquels vous devez partager les plaisirs du sexe. Plus le besoin non sexuel est fort et moins vous en êtes conscient, plus la part de plaisir sexuel qu'il s'appropriera sera grande. C'est comme si vous luttiez contre ces motifs pour obtenir du plaisir sexuel. Plus ils en obtiennent, moins il vous en reste et plus votre vie sexuelle devient frustrante et prend l'allure d'une corvée.

Voici quelques exemples:

Marianne, musicienne, déménagea dans une grande ville afin de poursuivre sa carrière. Elle se sentait seule et souffrait de l'absence de sa famille et de ses amis. Après quelques semaines, elle invita un ami à prendre un verre chez elle, plutôt que d'affronter une autre soirée de solitude. Ils firent l'amour et tout se passa bien, sauf que Marianne se sentit insatisfaite et étonnée du peu de plaisir qu'elle retira de leurs ébats. Elle imputa ces sentiments à son incompétence sexuelle et se mit à douter de sa capacité de jouir.

En réalité, son plaisir mitigé avait peu à voir avec ses talents ou sa capacité sexuelle: il était lié à son besoin non sexuel de camaraderie, qui lui dérobait une partie de son plaisir sexuel.

Paul, un cadre de trente-deux ans, venait de divorcer. À son grand étonnement, sa femme l'avait quitté pour un homme de sept ans son aîné. Au cours de leurs querelles, elle l'avait traité d'amant pitoyable. Comme il était un «homme libre et viril» (du moins, le pensait-il), il se mit à multiplier les conquêtes amoureuses. Au bout de quelques mois, il se rendit compte que le sexe ne lui apportait pas le plaisir escompté. Se rappelant les critiques de son ex-femme, il se mit à douter de sa capacité sexuelle.

En fait, celle-ci était tout à fait normale, sauf que Paul se servait du sexe pour prouver sa virilité et pour se venger de son ex-femme. Il devait partager le plaisir de ses aventures sexuelles avec ces motifs non sexuels.

Marianne et Paul ont imputé à tort leur problème au sexe alors qu'ils s'en servaient pour combler des besoins non sexuels. Ce comportement ne peut que diminuer le plaisir sexuel.

Les exemples ci-dessus prouvent que le comportement sexuel peut être dicté par de nombreux besoins, souvent non sexuels. Le viol est un excellent exemple d'utilisation du sexe pour satisfaire un besoin nullement sexuel. Les chercheurs behavioristes reconnaissent que le viol n'est pas un acte sexuel, mais un acte de violence. Il constitue l'expression sexuelle d'une pulsion violente. Le sexe est le véhicule utilisé dans le but de blesser, d'humilier ou de violer un tiers. Comme la société a été très lente à accepter cette idée, il ne fait aucun doute qu'elle résistera encore davantage à l'idée qu'une grande part de nos comportements sexuels «normaux» sont motivés par des besoins non sexuels.

Diminution du plaisir sexuel

Comment un besoin non sexuel peut-il diminuer le plaisir sexuel? En créant un conflit: en effet, deux besoins non reliés, l'un sexuel, l'autre non sexuel, entrent en concurrence. Le conflit ainsi créé nous tiraille dans deux directions opposées, de sorte que nous ne pouvons pas suivre nos pulsions sexuelles. Ni l'un ni l'autre de nos deux besoins n'est entièrement satisfait et nous nous sentons frustrés.

Voici des exemples de cela:

Jean est assoiffé de tendresse. Le seul moment où il en reçoit est celui des préliminaires amoureux, qu'il essaie de prolonger le plus possible. Son corps et sa tête sont tiraillés entre le désir d'obtenir plus d'affection et celui de poursuivre l'acte sexuel. S'il choisit cette option, son besoin d'affection n'est pas comblé; par contre, s'il s'attarde aux préliminaires, son excitation le pousse à aller plus loin. Quoi qu'il fasse, il est insatisfait et, une fois l'acte sexuel terminé, il éprouve un manque.

Le partenaire sexuel caché de Jean, son besoin d'affection, lui vole le plaisir et la satisfaction qu'il attend du sexe. Or, comme Jean est uniquement conscient de son besoin sexuel, il attribue sa frustration au sexe.

Mme B. en veut à son mari de l'avoir insultée en public. Elle meurt d'envie de le frapper pour se venger, mais décide plutôt d'avoir une liaison. Sa colère refait surface au lit sous forme d'une activité furieuse et agressive (au grand plaisir de son amant). Toutefois, peu importe le degré d'agressivité qu'elle manifeste, Mme B. ne se sent pas comblée.

Son corps et sa tête sont écartelés entre les choix qui s'offrent à elle: exprimer sa colère en frappant son mari, crier sa peine ou répondre aux caresses passionnées de son amant. Pas étonnant qu'elle soit sexuellement déçue face à des concurrents aussi puissants.

Un point à considérer

L'un des principes de la psychologie moderne veut que les besoins sexuels réprimés puissent motiver des comportements non sexuels comme l'alimentation ou la création artistique. Or, on n'a jamais envisagé la possibilité que ce soit l'opposé: que nos besoins non sexuels réprimés puissent influencer et dominer nos comportements sexuels. Il est temps d'aller plus loin que Freud. Nous devons regarder en face le fait qu'une grande partie de nos comportements sexuels sont fondés sur des besoins non sexuels que nous cherchons à combler par l'acte sexuel. Ce point soulève des questions fondamentales.

Quels sont les besoins réprimés qui tentent de s'exprimer pendant l'acte sexuel? Pourquoi s'ingèrent-ils dans notre vie sexuelle? Les besoins que nous réprimons aujourd'hui sont nombreux. Voyons quelques-uns des dilemmes de la vie moderne: sentiments d'impuissance face à un monde surpeuplé et menacé par la guerre, la pollution ou les radiations, sentiments de solitude et d'aliénation, incitations à se conformer à la norme, besoin de réprimer sa colère, lutte pour sa survie économique, transformation des rôles liés au sexe.

Nous nous sentons impuissants et insignifiants dans bien des domaines de la vie moderne. Comment alors exprimer notre besoin de nous affirmer, d'entrer en contact avec les autres, de trouver la sécurité et le réconfort, de nous sentir compétents et maîtres de nous-mêmes, uniques et privilégiés?

Répondons par une autre question. Où, ailleurs que dans la chambre à coucher, pouvons-nous trouver un endroit plus propice à l'apparition et à la satisfaction de ces besoins? La chambre à coucher constitue le dernier bastion de l'homme moderne. C'est le seul endroit où il peut trouver une intimité totale, où il est coupé du reste du monde. Seuls avec notre partenaire, nous sommes libres de rechercher le réconfort, la sécurité, un soutien pour notre confiance et notre estime personnelle diminuées, ou un havre éloigné des horreurs de la réalité moderne.

La chambre à coucher est le seul endroit où nous pouvons librement exprimer ou camoufler notre colère, affirmer notre virilité ou notre féminité, nous venger et guérir nos blessures. Nous pouvons nous y révolter contre les normes sociales, y profaner notre humanité ou la fortifier. Il est *facile* d'utiliser le sexe pour dominer ou soumettre, honorer ou humilier, échapper à la solitude ou à l'intimité. La chambre à coucher est l'endroit idéal pour ces comportements. La tentation et l'occasion y sont constamment à portée de la main.

Il n'est donc pas étonnant que l'intrusion de Masters et Johnson ainsi que d'autres chercheurs dans la chambre à coucher ait provoqué un tollé général. Les gens veulent protéger leurs secrets les plus intimes. Petit à petit cependant, on a établi des statistiques. Les machines et les scientifiques ont fait leur travail et éclairé nos lanternes. La science a scruté nos méthodes à la loupe, déterminé la fréquence de nos rapports amoureux, enregistré nos réactions physiologiques, internes et externes. Elle a passé notre sexualité au peigne fin, mais pas nos motivations. Personne ne s'est soucié de demander aux gens *pourquoi* ils faisaient l'amour.

On a sans doute tenu pour acquis que c'était par plaisir. Pourtant, certaines personnes continuent d'avoir des relations sexuelles même si le sexe n'a plus de saveur pour elles. D'autres l'apprécient mais le pratiquent rarement. Il existe certainement d'autres raisons de faire l'amour, mais nous n'en sommes pas conscients. Ces motifs et besoins cachés prélèvent leur tribut à même notre plaisir sexuel. Le cadre ambitieux qui exploite sa compétence sexuelle, l'employé timide qui se change en tyran d'alcôve, l'esseulée qui se jette à la tête du premier venu plutôt que de dormir seule, tous ces gens paient un prix: la réduction du plaisir sexuel.

Lorsque des motifs ultérieurs ou cachés envahissent notre vie sexuelle, ils laissent peu de place au plaisir. L'obsession de multiplier ses conquêtes ou de plaire à son partenaire, la crainte de commettre un péché, d'agir comme un animal ou de se comporter d'une manière indigne, tous ces sentiments laissent peu de place aux véritables sensations érotiques.

De même, lorsque notre corps et notre tête cherchent un refuge contre la solitude, ou lorsque nous voulons nous venger d'une blessure passée, être rassurés sur nos aptitudes sexuelles ou affirmer notre sexualité, nous ne pouvons pas récolter notre pleine mesure de plaisir sexuel. Les rapports qui découlent de ces besoins non sexuels ne peuvent tout simplement pas nous combler car ces derniers drainent une trop grande partie de nos efforts et de notre énergie. (Nous expliquerons ce phénomène plus loin.)

Que faire alors? Masters, Johnson, Lazarus et d'autres thérapeutes ont élaboré de nouvelles méthodes destinées à amplifier le plaisir sexuel. La valorisation de la sensualité, le déconditionnement et le reconditionnement ont donné des résultats concrets dans des milliers de cas, tout en demeurant inefficaces pour des milliers d'autres personnes qui cherchent à combler leurs besoins non sexuels à travers le sexe. La solution consiste à découvrir les motifs non sexuels qui gâchent la vie sexuelle de ces personnes. Ces besoins peuvent être comblés en dehors des rapports sexuels et bannis de la chambre à coucher. Le sexe est alors libéré de ces fardeaux indésirables et anormaux, et les partenaires connaissent la véritable extase amoureuse.

Dans les chapitres subséquents, nous examinerons les besoins non sexuels les plus aptes à empiéter sur notre vie sexuelle. Nous expliquerons les modalités et les conséquences de leur intrusion dans la chambre à coucher et proposerons des solutions.

2

Le sexe pour obtenir
de la tendresse

Touche-moi, déshabille-moi

Le besoin d'être touché, tenu, rassuré et réconforté est commun aux animaux et aux êtres humains. Nous voulons tous de l'affection. Nous aimons tous être touchés, embrassés et caressés de même que nous avons besoin de toucher les autres et de leur témoigner notre affection. Pourtant, notre société nous conditionne à réprimer notre désir d'embrasser nos amis, de les tenir dans nos bras, de les rassurer et d'exprimer ouvertement notre affection. C'est pourquoi nous avons rarement l'occasion de combler nos besoins d'affection.

Or, tous les conditionnements du monde ne peuvent pas détruire notre besoin de donner et de recevoir de l'affection. Nous apprenons simplement à ne pas le sentir de sorte qu'il demeure insatisfait.

Les rapports amoureux entraînent une quantité considérable de caresses et de baisers, et on comprend facilement comment le besoin d'affection peut faire surface pendant l'acte sexuel et chercher à être comblé. Les partenaires qui ne sont pas assez touchés, caressés ou embrassés à l'extérieur de la chambre à coucher cherchent à satisfaire leur besoin d'affection par le biais du sexe. Ils apprennent à faire l'amour lorsque, en fait, ils ont besoin de tendresse. Leur désir sexuel devient indissociable de leurs besoins affectifs. Ils confondent affection et sexe.

Il est important de souligner que même si les besoins sexuels et affectifs sont différents, ils ne sont pas incompatibles. Les rapports sexuels affectueux sont très sains, mais il n'est ni souhaitable ni sain de limiter ses manifestations de tendresse au sexe et vice versa.

Les problèmes surgissent lorsque les partenaires utilisent le sexe comme principale source d'affection; d'abord, ils tirent un plaisir moindre des rapports sexuels. En effet, leur besoin d'affection les empêche de se concentrer sur leurs besoins sexuels. En outre, ils éprouvent un sentiment de manque après l'acte sexuel, car ni leurs besoins affectifs ni leurs besoins sexuels ne sont tout à fait comblés. Les partenaires ont l'impression d'avoir vécu une lutte acharnée plutôt qu'une expérience sexuelle agréable.

Il est étonnant de voir le nombre de maris et de femmes qui se servent du sexe comme principale source d'affection. Avec les années, les époux finissent par se tenir pour acquis. Ils oublient de s'exprimer leur amour et leur appréciation au moyen de fréquents regards, caresses et gestes tendres. Ceux-ci sont confinés à la chambre à coucher où ils se résument à dix minutes de stimulation érotique. Une diète affective aussi sévère n'est pas satisfaisante pour les partenaires et elle peut les pousser vers une liaison extraconjugale ou vers la guerre froide, comme le démontrent les exemples ci-dessous.

Mme D. fut envoyée en thérapie par son mari qui l'avait surprise en compagnie «d'un homme qui était un piètre représentant de la gent masculine». C'était une femme très conventionnelle et pratiquante, et elle fut incapable d'expliquer son comportement. Mariée à un comptable qui accordait beaucoup d'importance à la forme physique et à la discipline, Mme D. avait essayé de se conformer à ses normes sévères, sans jamais réussir à le satisfaire. Somme toute, elle éprouvait un grand besoin d'être aimée et comprise.

Au début, elle ne fit pas le lien entre son besoin d'affection et sa liaison. Elle avait connu M. M. dans un restaurant bondé où il lui avait offert de s'asseoir à sa table. Elle le décrivait comme «un homme très gentil, très attentionné et quelque peu rondelet». «Je ne comprends pas, se plaignit-elle. Je n'éprouvais même pas d'attirance physique envers lui et pourtant, j'étais prête à coucher avec lui avant la fin du repas.»

En parlant des deux hommes de sa vie, Mme D. comprit que son besoin de tendresse et de compréhension l'avait poussée dans les bras de M. M. Elle conclut, à son grand soulagement, qu'elle n'était pas une coureuse, mais simplement une femme assoiffée de tendresse.

Mme D. n'était pas consciente du vrai problème inhérent à son mariage, soit qu'elle se servait du sexe pour obtenir de l'affection. Mentionnons toutefois que la soif de tendresse ne pousse pas toujours les couples à avoir une aventure. Certains couples peuvent se chamailler pendant des années. Ils se rendent compte que quelque chose cloche, mais n'arrivent pas à cerner le problème. Dans le cas ci-dessous, les partenaires détiennent chacun un morceau du casse-tête, mais ils n'arrivent pas à les assembler.

M. et Mme W. consultèrent un thérapeute parce qu'ils se querellaient constamment et se sentaient tous deux maltraités et peu appréciés. Au cours d'un échange plutôt animé, la question du sexe vint sur le tapis: un ange passa. À force de les questionner, nous découvrîmes que leur vie sexuelle était désastreuse. Lorsque nous demandâmes à chaque partenaire de dire à l'autre précisément où le bât blessait, tous deux se montrèrent hésitants et évasifs. Enfin, ils explosèrent et engagèrent une discussion plutôt amusante et poétique :

M. W.: Comment puis-je savoir ce qui cloche dans nos relations sexuelles? Tu es tellement avare; on croirait que tu as peur que ton canari s'envole si tu lèves ta jupe.
Mme W.: Moi, avare? C'est plutôt toi l'avare. À voir la

manière dont tu économises tes baisers, on croirait qu'ils valent de l'or. Tout ce qui t'intéresse, c'est de donner de l'exercice à *ton* oiseau.

M. W.: Qui voudrait embrasser un bloc de glace?

Mme W.: Qui voudrait coucher avec un bloc de glace?

M. W.: Moi, un bloc de glace? Allons donc! Parfois, j'ai envie de me jeter sur toi et de te couvrir de baisers, mais jamais je n'embrasserai une femme qui ne veut pas me baiser.

Mme W.: Et jamais je ne ferai l'amour avec un homme qui ne me témoigne pas d'amour.

Les W. avaient engagé une guerre froide, chacun refusant de reconnaître et de combler les désirs de l'autre. Lorsque le conflit éclata au grand jour, tous deux acceptèrent de faire une trêve. M. W. promit de se montrer plus affectueux hors de la chambre à coucher et Mme W. ne fut que trop heureuse de pouvoir combler son désir sexuel indépendamment de ses besoins affectifs. Tous deux se rendirent compte que le sexe ne pouvait pas remplacer l'amour ni la tendresse, et que ceux-ci ne devaient pas se limiter au sexe. Plusieurs semaines plus tard, le couple était ébahi de constater tout ce qui lui avait manqué.

Répondez à la question suivante afin de déterminer si vous vous servez du sexe pour combler vos besoins affectifs: «Est-ce que j'obtiens l'affection dont j'ai besoin ailleurs qu'au lit?» Si vous répondez non, ce besoin empiète sans doute sur votre vie sexuelle. Si vos gestes tendres vous conduisent toujours au sexe ou que vous ne vous prodiguez aucune marque de tendresse à l'extérieur de la chambre à coucher, alors vos rapports sexuels servent certainement à combler vos besoins affectifs. En conséquence, vous n'en tirez pas un plaisir maximal. En outre, l'affection que vous recevez au cours des rapports amoureux ne peut pas satisfaire votre besoin d'affection non sexuelle. Comment remédier à cette situation?

• Exprimez avec précision vos besoins affectifs à votre partenaire. Par exemple: «Je veux plus d'amour» est trop vague. Il est plus clair de dire: «J'ai besoin d'être embrassée et touchée plusieurs fois par jour.» «J'apprécierais un baiser ou deux avant le travail. Et si tu me touchais ou me souriais plus souvent, je serais aux anges.» Faites-lui un dessin s'il le faut.

- Prenez de dix à quinze minutes avant d'aller vous coucher pour parler et vous caresser affectueusement. Entendez-vous pour ne pas faire l'amour pendant cette période afin d'éliminer tout conflit entre le sexe et l'affection. Lorsque vous aurez eu votre dose de tendresse, vos rapports sexuels seront bien plus satisfaisants.
- Prenez l'habitude de vous enlacer et de vous embrasser avant et après le travail. Prenez le temps de vraiment apprécier le baiser d'adieu du matin. Cela constituera un geste agréable à vous rappeler et à attendre à votre retour.
- Apprenez à associer un compliment à un baiser ou à une caresse affectueuse. La phrase «Merci pour ce merveilleux déjeuner» a plus d'effet lorsqu'elle est ponctuée d'une caresse ou d'un baiser.
- Apprenez à montrer que vous appréciez les petites attentions quotidiennes que vous avez l'un pour l'autre.

Un manque d'affection s'accompagne toujours d'un manque d'appréciation. Les partenaires qui apprécient vraiment les attentions de l'autre ont tendance à se montrer très affectueux, et à notre avis, il n'existe pas de meilleure façon de dire «merci».

En général, faites un effort concerté pour satisfaire ce besoin hors de la chambre à coucher. Vos rapports sexuels demeureront affectueux et vos besoins affectifs insatisfaits ne vous empêcheront pas de goûter à l'extase amoureuse.

3

Le sexe pour éviter l'intimité

Parlons à coeur ouvert: quelle position préfères-tu?

Dans notre culture, nous considérons le sexe comme un acte intime qui se fait en privé. C'est pourquoi nous tenons pour acquis que deux personnes qui font l'amour se connaissent intimement, mais cela n'est pas nécessairement vrai. Le sexe exige certes une intimité physique, mais celle-ci n'a rien à voir avec l'intimité émotionnelle.

Cette sorte d'intimité est liée à la compréhension des pensées et des sentiments de l'autre. Elle s'établit avec le temps à mesure que nous partageons nos pensées, nos aspirations, nos craintes et nos sentiments les plus profonds. Deux partenaires peuvent traverser toutes les étapes intimes du rapport sexuel tout en demeurant des étrangers l'un pour l'autre. En fait, il existe trois façons d'utiliser le sexe pour éviter l'intimité émotionnelle: se raccommoder sur l'oreiller, se disputer au sujet du sexe et construire des cages.

Se raccommoder sur l'oreiller

Pour bâtir des liens émotionnels intimes, les partenaires doivent affronter et résoudre ensemble leurs conflits, ce qui les aidera, par le fait même, à mieux se connaître et à connaître l'autre. Toutefois, les partenaires ont parfois recours au sexe pour court-circuiter ce processus. En effet, chaque fois qu'un conflit survient, ils l'écartent et amorcent des rapports sexuels.

C'était le cas de Thérèse et de Gérard. Au cours des conflits, l'un des partenaires, prenant soudainement conscience de la tournure hostile de la discussion, commençait à s'excuser, ce qui entraînait chez son conjoint un élan de tendresse. Puis le couple faisait l'amour et chacun se montrait prodigue de tendresse et de faveurs sexuelles afin de prouver que la querelle était fortuite. Après l'acte sexuel, les partenaires parlaient de leur compatibilité amoureuse.

En agissant ainsi, Thérèse et Gérard étouffaient constamment leurs conflits sous-jacents. Ils n'échangeaient jamais leurs opinions, n'exprimaient pas leur ressentiment, ne résolvaient pas leurs différends et discutaient très peu de leurs sentiments. Ils étaient très intimes physiquement, mais sur le plan émotif, ils demeuraient des étrangers l'un pour l'autre. Le sexe court-circuitait le processus d'exploration personnelle et mutuelle. Ils ne grandissaient pas comme couple.

Les couples qui évitent les conflits et cherchent refuge au lit ont des relations statiques. Ils demeurent égocentriques et n'apprennent jamais à se comprendre mutuellement. Ils ont tendance à se quereller pour les mêmes raisons année après année. Ils ne gagnent rien en maturité parce qu'ils n'apprennent jamais à régler leurs conflits. En fait, comme ils n'explorent jamais leurs vrais problèmes, ils ne connaissent jamais leurs véritables différences. Bref, ils préservent l'obscurité en résolvant tous leurs problèmes sur l'oreiller. Ils se servent du sexe pour éviter les conflits.

Se disputer au sujet du sexe

Certains couples évitent l'intimité émotionnelle en se querellant à propos du sexe. Leur vie est une bataille continuelle qui a pour décor la chambre à coucher et ils accordent très peu d'attention à leurs problèmes non liés au sexe. Ceux qui utilisent ce stratagème pour éviter l'intimité ont tendance à faire des observations telles que: «Notre relation est parfaite, sauf en ce qui touche le sexe. Nous nous disputons sans cesse à ce sujet.» Nous avons relevé deux types de modèles dans ces batailles axées sur le sexe. Dans le premier, le couple fait régulièrement l'amour et ses discussions portent sur qui doit prodiguer telle faveur à l'autre, qui s'est montré le plus ardent, qui a le plus joui ou qui a été plus égoïste ou plus généreux. La plupart du temps, le problème lié au sexe reflète un autre problème, comme le démontre l'histoire de David et d'Élizabeth.

Ce couple se querellait sans cesse à propos du sexe, chaque conjoint se plaignant de la performance de l'autre en termes de fréquence, de durée ou de degré d'excitation. Tous deux appréciaient le talent amoureux de leur conjoint, mais ne se sentaient pas comblés sexuellement.

Il devint évident que, au plan émotionnel, David et Élizabeth étaient des étrangers l'un pour l'autre. Ils faisaient preuve d'égoïsme et d'infantilisme et ne tenaient pas compte des besoins de leur partenaire. C'était là la véritable source de leurs «conflits», mais tous deux blâmaient le sexe.

Nous résolûmes le problème en leur interdisant de discuter du sexe dans notre bureau. Il ne leur restait plus qu'à trouver un autre sujet de querelle, ce qui ne fut pas facile. Au début, ils ne purent rien trouver, tous deux s'entendant pour dire qu'ils filaient le parfait amour. Nous demandâmes donc à chacun d'inventer un problème. Après quelques hésitations, les vannes se rompirent.

De tels cas sont habituellement longs et difficiles à régler. Le couple n'est pas habitué à affronter et à résoudre ses problèmes. Il éprouve de la difficulté à discuter de ses sentiments et à en prendre la responsabilité. Le sexe devient son cheval de bataille parce que c'est une cible facile.

Chaque partenaire est persuadé que l'autre est responsable de son manque de plaisir. À la longue, ni la vie sexuelle du couple, ni sa relation ne s'améliorent.

Le second modèle que laissent transparaître ces conflits soi-disant liés au sexe met en relief l'absence de rapports sexuels. Les couples qui entrent dans cette catégorie évitent l'intimité émotionnelle en refusant de faire l'amour. Voici ce qui se produit: le couple voudrait faire l'amour plus souvent, mais n'y arrive pas, chaque conjoint possédant tout un éventail d'excuses pour s'y soustraire.

Au départ, les deux partenaires sont très compréhensifs, mais ils finissent par accumuler du ressentiment, des blessures et un sentiment d'incapacité sexuelle. Ils se chamaillent sans arrêt, chaque partenaire blâmant l'autre. C'était le cas de Marc et de Françoise.

Ceux-ci vinrent nous consulter pour «un problème de sexe». Ils étaient mariés depuis douze ans, mais faisaient l'amour moins d'une fois par semaine depuis dix ans. Chacun prenait plaisir au sexe et ni l'un ni l'autre ne semblait avoir un problème de ce côté-là. Tous deux auraient aimé des rapports plus fréquents, mais les circonstances semblaient toujours jouer contre eux. Chaque fois que le thérapeute essayait de sonder les aspects non sexuels de leur relation, la conversation revenait au sexe. Lorsqu'il le leur fit observer, Françoise s'écria: «C'est comme à la maison. Voilà tout ce que nous faisons: discuter du sexe. Nous sommes si occupés à nous quereller que nous ne passons jamais aux actes. *Voilà* le problème!»

Le vrai problème fut mis à jour pendant une séance ultérieure au cours de laquelle Françoise et Marc échangèrent quelques-unes de leurs accusations habituelles:

Marc: Il m'arrive de penser que tu ne veux pas faire l'amour.
Françoise: Peut-être que je ne veux pas faire l'amour avec le type de gars que tu es devenu.

Thérapeute (interrompant un échange d'injures): Arrêtez! Françoise, quel type de gars Marc est-il devenu?
Françoise: Je ne sais pas. Nous n'arrêtons pas de nous disputer à propos du sexe. Je ne blague pas. Nous décidons de louer un film et ça y est! En moins d'une, nous nous engueulons. Non pas sur le choix d'un film, mais sur le sexe. C'est idiot!
Thérapeute: Cela m'a l'air très frustrant.
Françoise: C'est à vous rendre fou! Je ne connais vraiment pas mon mari et j'ai parfois l'impression de vivre avec un étranger.

Voilà le vrai problème: deux étrangers partagent le même lit et se disputent à propos du sexe depuis dix ans. Ils se sont éloignés l'un de l'autre petit à petit. Leur vie sexuelle ne fait que refléter ce qui se passe au niveau émotionnel. Françoise et Marc avaient créé entre eux une distance à la fois sexuelle et émotionnelle. Ils évitaient tout véritable contact émotionnel en considérant le sexe comme leur pseudo-problème.

Construire une cage

Dans les cas précédents, les conjoints collaboraient pour éviter l'intimité émotionnelle. Dans ce cas-ci, un des partenaires recherche l'intimité tandis que l'autre la fuit délibérément ou inconsciemment. Chaque fois qu'un problème émotionnel survient, il entraîne son partenaire dans la chambre à coucher, comme le faisait Louise, la jeune épouse d'André.

Chaque fois que la conversation glissait sur elle, Louise devenait évasive et cherchait à séduire son mari, comme le soir où André exprima sa déception et sa tristesse. Il demanda à Louise ce qui la rendait triste. En guise de réponse, celle-ci se mit à lui caresser le cou et les épaules en susurrant: «Pourquoi parler de choses tristes? Il y a bien mieux à faire.»

Louise ne voulait pas comprendre la tristesse d'André, ses sentiments d'incompétence et d'impuissance, ni aucune autre émotion désagréable. Abandonnée par son père, elle avait été élevée dans un foyer pauvre. Toute conversation sur des sujets tristes ravivait des souvenirs qu'elle préférait oublier. C'est pourquoi elle enfouissait le problème dans la chambre à coucher. Ce faisant, elle s'empêchait de voir en son mari autre chose qu'un mâle protecteur.

Il arrive que le «bâtisseur de cage» prenne le sexe pour de l'intimité afin de confondre son partenaire, comme c'était le cas pour M. et Mme J. Cette dernière éprouvait un sentiment de manque lié à son mariage. Elle se sentait prise au piège par son mari, une personne plutôt loquace et convaincante.

M. J. l'avait assurée que leur relation était intime, qu'ils n'avaient pas de secrets l'un pour l'autre et que tout était parfait. Mais Mme J. avait des doutes depuis quelque temps. Elle avait l'impression de vivre avec un miroir qui lui reflétait sa propre image. En effet, M. J., lui semblait-il, disait toujours ce qu'il croyait qu'elle voulait entendre. Quant à ce dernier, il se disait ouvert et honnête, et n'avait rien à cacher. Toute tentative de percer son masque échouait.

Mme J.: Mais j'ai l'impression de ne pas te connaître. Je ne sais rien d'important à ton sujet, sur ta façon de penser ou de sentir.
M. J.: Eh bien! À qui la faute? Pose-moi des questions et je te répondrai. Je n'ai rien à cacher.
Mme J.: Mais je veux que tu sois toi-même, pas ce que tu penses que je veux que tu sois. Je veux que nous soyons proches.
M. J.: Ne prends-tu pas plaisir à faire l'amour avec moi? Est-ce que tu ne te sens pas proche dans ces moments-là? N'obtiens-tu pas ce que tu veux?
Mme J.: Tu vois? Encore là, tu parles de ce que *je* veux. Que veux-tu, *toi*?

M. J.: Je veux que tu t'amuses et tu as certainement l'air d'avoir du plaisir. N'est-ce pas suffisant?
Mme J.: Non! Oui! Je ne sais plus! (Elle fond en larmes.)
M. J.: Voilà le problème. Tu ne sais pas ce que tu veux.

Ici, M. J. réussit à éviter toute conversation intime en répondant aux questions de sa femme par d'autres questions, ce qui met celle-ci sur la défensive. Lorsque Mme J. devient confuse, M. J. l'attaque et rejette sur elle la responsabilité du problème.

En fait, tous deux sont confus. M. J. réussit à éviter sa femme en prenant le sexe pour de l'intimité. Or comme Mme J. est incapable de distinguer les deux, elle n'arrive pas à voir clair dans les propos de son mari. Ni l'un ni l'autre ne fait clairement la distinction entre l'intimité physique et l'intimité émotionnelle. Une fois cette distinction établie, le couple put résoudre son problème.

Il est facile de comprendre pourquoi on peut utiliser le sexe pour fuir l'intimité. L'acte sexuel en soi crée une intimité physique et *peut* servir à exprimer l'intimité émotionnelle. Certains couples confondent simplement l'aspect physique du sexe avec l'intimité. D'autres évitent toute intimité émotionnelle en se concentrant sur le sexe. Dans les deux cas, le sexe devient moins satisfaisant et les partenaires demeurent des étrangers l'un pour l'autre. Comme le montrent les exemples ci-dessus, il peut être assez frustrant de partager sa couche pendant des années avec un étranger.

Les adolescents et les jeunes adultes constituent les victimes les plus fréquentes de ce syndrome du «sexe avec un étranger familier». Leur manque de maturité et d'expérience les porte à croire que deux personnes qui font l'amour sont intimes et se connaissent vraiment. Ces relations sont habituellement de courte durée et les couples mariés divorcent souvent peu de temps après le mariage. Ils comprennent vite qu'ils partagent le lit d'un étranger qu'ils n'aiment même pas. C'est sans aucun doute ce facteur qui justifie le taux élevé de divorce chez les couples qui se marient jeunes.

* * *

Qui a tendance à fuir l'intimité au moyen du sexe? Les couples qui croient que les bons époux ne se querellent jamais, qui ne se connaissent pas vraiment eux-mêmes ou qui ont de la difficulté à exprimer leurs sentiments. Dans la plupart des cas, ces personnes ignorent ce qu'elles veulent et nourrissent une piètre image d'elles-mêmes, d'où leur hésitation à se montrer sous leur vrai jour.

Il est clair que le fait de se servir du sexe pour éviter l'intimité met une relation en danger. En fait, aucune relation ne peut grandir si elle est uniquement fondée sur le sexe ou si le sexe y remplace l'intimité émotionnelle. Voici quelques critères qui permettent de reconnaître les partenaires qui évitent l'intimité grâce au sexe:

- leurs querelles se terminent toujours par l'acte sexuel;
- la chambre à coucher est le seul endroit où ils se sentent proches;
- les partenaires ont de la difficulté à partager leurs pensées et leurs sentiments;
- lorsqu'un conflit émotionnel survient, il est détourné au profit du sexe;
- les partenaires ont l'impression de partager le lit d'un étranger;
- ils se querellent constamment au sujet du sexe.

Comment briser ce modèle de comportement?

- Les partenaires se mettent d'accord pour ne pas se quereller au sujet du sexe (ou bien le thérapeute le leur interdit).
- Les partenaires se réservent dix minutes chaque soir avant de se coucher pour discuter de leurs problèmes

personnels et de leurs sentiments. Il leur est défendu de parler de sexe ou de se toucher. Chaque conjoint s'engage à exprimer: une pensée ou un sentiment personnel; une facette de lui-même inconnue de l'autre; un incident survenu au sein du couple (chaque partenaire exprime sa réaction face à celui-ci, en quoi cet incident a modifié ses sentiments et sa vision du couple, et ses répercussions éventuelles).

Chaque partenaire doit prêter une attention spéciale aux similitudes et aux différences entre ses propres réactions et sentiments, et ceux de son conjoint, sans jamais les critiquer. Le fait de partager ses sentiments face aux événements quotidiens aide les partenaires à se comprendre et à se rapprocher émotionnellement. C'est ainsi que se développe l'intimité et non à travers le sexe.

4

Le sexe pour fuir
la solitude

Viens réchauffer mon lit

Le couple est la pierre d'assise de notre société. De la plus tendre enfance jusqu'à l'adolescence, l'école, l'Église et la famille encouragent l'instinct grégaire et la sociabilité. Nous sommes peu souvent seuls lorsque nous grandissons. Une fois devenus adultes, la plupart d'entre nous choisissent de ne pas vivre seuls. En fait, nombreux sont ceux qui exècrent la solitude. Or, que nous soyons mariés ou célibataires, nous traversons tous des périodes de solitude.

La personne esseulée qui se retrouve dans une foule à la veille du Nouvel An a toutes les chances de se sentir encore plus déprimée par la suite.

Il en va de même avec le sexe. Comme il entraîne un contact physique, il apparaît comme le palliatif idéal à la solitude, mais à tort. L'intimité physique que procure le sexe ne pourra jamais satisfaire le besoin émotionnel de contact humain et de compréhension qu'éprouve une personne. L'acte sexuel lui paraîtra superficiel et frustrant parce qu'il ne peut pas satisfaire ce besoin. Cependant, la personne blâmera le sexe comme d'habitude, parce qu'il est plus facile de se concentrer sur l'aspect physique que sur l'aspect émotionnel de son être. En détournant leur attention de cet aspect, les personnes esseulées ne s'accordent aucune chance d'affronter leur solitude.

Elles finissent par croire que les caresses, les baisers et l'intimité reliée au sexe sont tout ce qu'elles désirent. Or, elles n'en ont jamais assez.

Célibat et solitude

Tout le monde se sent seul à l'occasion. Toutefois, la personne qui vit seule souffre davantage de la solitude. À titre de thérapeutes, nous travaillons avec des hommes et des femmes qui, plutôt que de passer la nuit seuls, couchent avec des personnes qui ne leur plaisent pas vraiment.

Ce comportement est certes facile à comprendre, mais il entraîne d'importantes conséquences émotionnelles et sexuelles.

En premier lieu, comme dans toute relation, le sexe ne peut pas satisfaire le besoin de camaraderie. Les partenaires qui n'ont aucun lien émotif se sentiront frustrés ou insatisfaits après l'acte sexuel et ils risquent d'en accuser le sexe plutôt que leur mauvais choix en ce qui touche leur compagnon. Leur plaisir sexuel diminuera s'ils ne commencent pas par satisfaire leur besoin d'amitié.

En deuxième lieu, en brûlant les étapes et en faisant l'amour tout de suite, les couples détruisent souvent toute possibilité de combler leur besoin de camaraderie. En effet, peu d'amitiés durables naissent dans la chambre à coucher.

En troisième lieu, les personnes esseulées se convainquent facilement qu'elles aiment leur amant. Elles acceptent plus facilement ses défauts et sont plus enclines à se laisser manipuler émotivement.

La solitude pousse de nombreuses personnes à croire qu'elles sont amoureuses et les coïnce dans une relation qui progresse trop rapidement. Lorsque leur sentiment de solitude disparaît, un sentiment de culpabilité les pousse souvent à poursuivre cette relation. Elles se disent: «Je l'aime. Nous

avons trop investi l'un dans l'autre pour nous séparer maintenant.»

Catherine était engagée dans ce type de relation. Souffrant
d'un grave sentiment de solitude après le départ de son ami,
elle accepta de sortir avec le premier venu. Or, cet homme
souffrait, lui aussi, de la solitude car il était nouveau venu
dans la ville. Ils passèrent la nuit ensemble, firent l'amour et
devinrent inséparables pendant un mois.

Des conflits éclatèrent alors dans le couple à mesure que
les partenaires découvraient leurs «défauts» mutuels. La relation traînait malgré leur incompatibilité évidente. Catherine
se sentait maltraitée et son estime personnelle tomba à zéro.
De désespoir, elle consulta un thérapeute. Elle comprit vite
que le lien qui l'unissait à son amant n'était pas l'amour mais
la crainte de la solitude. Ni l'un ni l'autre ne voulaient affronter
l'intense sentiment d'isolement qu'ils avaient éprouvé avant
de se connaître.

Catherine eut la chance de pouvoir rompre la relation avant
d'être prise au piège d'un mariage malheureux.

Robert et Johanne n'eurent pas cette chance. Leur histoire
ressemblait à celle de Catherine et de son amant, sauf qu'ils
décidèrent de se marier au cours d'une période d'accalmie au
sein d'une relation plutôt orageuse. Celle-ci continua de se
détériorer, mais les partenaires durent chercher des solutions
parce qu'ils y avaient investi trop d'énergie. Après huit années
passées à essayer de résoudre ses problèmes, le couple se
sépara.

En fait, Robert déménagea de l'autre côté de la rue. Les
amants passaient de longs moments au téléphone et cou-
chaient ensemble deux fois par semaine. Or, ils n'appréciaient
pas leurs talents amoureux mutuels et finissaient toujours par
se chamailler. Lorsque Johanne vint nous consulter, elle avoua
ne pas apprécier l'aspect sexuel de leur séparation. Malgré
l'insatisfaction qu'elle éprouvait sur ce chapitre, le sexe était
la seule chose que Robert et elle avaient presque en commun.

Elle commença à comprendre qu'elle se servait du sexe pour fuir la solitude.

Elle affronta sa peur de la solitude et entreprit d'exploiter ses ressources et ses intérêts en suivant des cours et en jouant au racketball. Elle devint plus indépendante et plus autonome, et se désintéressa complètement de Robert.

Ces exemples illustrent quelques-uns des problèmes que les personnes seules peuvent se créer en se précipitant au lit afin d'éviter leur solitude. Vivre seul peut être difficile, mais la vie à deux sans cesse ponctuée de chamailleries est non seulement difficile, elle est pénible.

Mariage et solitude

Le sexe entre les époux peut aussi être motivé par un sentiment de solitude. Plutôt que d'affronter ce sentiment, les conjoints font l'amour. Le sentiment de vide qui les envahit après l'acte sexuel découle d'un besoin insatisfait de contact humain, et non d'une performance sexuelle médiocre. Comme d'habitude toutefois, le sexe porte le fardeau du blâme.

C'est ce qui passait pour M. et Mme F. Lui s'adonnait à de nombreux passe-temps, tandis que sa femme n'en avait aucun. C'est pourquoi elle recherchait souvent un contact avec son mari pendant que celui-ci était absorbé dans sa lecture, dans une partie de golf ou toute autre activité. Elle apprit à détourner son mari de son occupation au moyen du sexe. Il répondait à ses invites et le couple se retrouvait au lit. Toutefois, Mme F. demeurait insatisfaite et elle finit par se désintéresser du sexe. Elle vint nous consulter pour un «problème lié au sexe». Elle se rendit rapidement compte qu'elle n'était pas du tout frustrée sexuellement; elle se sentait plutôt seule et avait soif d'une amitié proche. En essayant de combler ce besoin dans le sexe, elle avait créé l'illusion que son problème était lié au sexe.

Il ne fait aucun doute que les personnes mariées peuvent éprouver un sentiment de solitude intense et difficile à affronter et à résoudre. Souvent, les époux ne comprennent pas comment ils peuvent se sentir isolés en compagnie d'un partenaire aimant et de leur famille. C'est pourquoi ils hésitent à en discuter ensemble. Le cas de M. J. illustre bien comment le fait de cacher ses sentiments peut accentuer son impression d'isolement.

M. J. consulta un thérapeute parce qu'il était «en panne de désir», mais son véritable problème fit surface dès la première rencontre. Le dialogue qui suit prit place après que M. J. eut révélé la fréquence de ses relations sexuelles. Tout en parlant, il devenait de plus en plus morose.

> *Thérapeute*: Depuis combien de temps n'avez-vous pas fait l'amour?
> *M. J.* (courbant la tête): Je... je... ne sais pas... Cela fait longtemps... Je n'ai pas éprouvé de désir sexuel depuis un certain temps.
> *Thérapeute*: Comment vous sentiez-vous?
> *M. J.* (pleurant): Isolé, seul, tout seul (sanglots). Je sais que c'est idiot... cela n'a aucun sens... cela me rend fou. J'ai une femme et deux enfants, mais je me sens seul.

On constata que M. J. non seulement ne partageait pas ses soucis avec sa femme, mais qu'il s'éloignait d'elle de plus en plus. À mesure que son sentiment de solitude s'accentuait, il devenait de plus en plus taciturne et malheureux. Nous l'encourageâmes à exprimer son sentiment d'isolement à sa femme. Celle-ci l'écouta avec compassion et partagea ses sentiments à cet égard. À mesure que se rétablissait la communication, la vie sexuelle du couple s'améliora.

Voilà des cas où les relations ont pu être sauvées; malheureusement, il n'en est pas toujours ainsi. De nombreuses relations malsaines, tant parmi les personnes mariées que chez les célibataires, se perpétuent parce qu'un partenaire, ou les deux, craint de vivre seul. En général, plus ces relations durent longtemps, plus il est difficile de mettre à jour les véritables problèmes. C'est pourquoi toute relation malsaine devrait être rompue dès que l'incompatibilité des partenaires devient évidente. Plus les partenaires attendent et plus ils investissent dans la relation, plus il est difficile pour eux de rompre. Que de fois n'avons-nous pas entendu cette plainte: «Je suppose qu'au fond je me suis marié parce cela me semblait préférable à la solitude. Maintenant, je n'en suis plus si certain.»

* * *

Les personnes qui ont tendance à se servir du sexe pour fuir la solitude:

- sont anxieuses et mal dans leur peau;
- n'ont pas beaucoup d'intérêts ni de passe-temps;
- n'ont pas exploité leurs ressources personnelles et comptent sur les autres pour les divertir, les guider ou les appuyer;
- n'ont jamais appris à affronter leur solitude.

Voici les meilleures façons d'affronter sa solitude autrement qu'en recourant au sexe:

- Exploiter de nouveaux intérêts et talents. Ce sont ceux qui n'ont aucun passe-temps ni intérêt personnels qui traversent les pires crises de solitude. Comme ils n'ont aucune activité, ils deviennent obsédés par leur solitude.
- Cultiver des amitiés extérieures à sa relation amoureuse. Trop souvent, les personnes qui ont trouvé un amoureux croient que ce dernier comblera tous leurs besoins et ne croient pas utile de se faire des amis. Or, nous avons tous besoin d'amis autres que notre partenaire sexuel.
- Partager tout sentiment de solitude avant l'acte sexuel, et non après. Cela accroît l'intimité entre les partenaires et comble leur besoin d'une amitié proche.

- Cultiver ses amitiés avec des personnes du même sexe. Cela réduit les chances d'utiliser le sexe à mauvais escient.
- Adopter une attitude saine à l'égard de la solitude. Ce sentiment est commun à tous les êtres humains et il ne faut pas le craindre. On n'a pas besoin des autres tout le temps et il est très important de se sentir bien dans sa peau. De cette façon, on évite de charger ses relations sexuelles d'un sentiment de solitude et d'en accabler son partenaire.

5

Le sexe pour
se faire pardonner

C'est tellement bon quand on se réconcilie!

Monique et Antoine vinrent nous consulter parce que «Monique était nymphomane...» Les séances de thérapie mirent en lumière la suite d'événements ci-dessous.

Peu après leur mariage, Antoine avait informé Monique qu'elle était une piètre amante. «Elle était incapable de me satisfaire.» Monique avait pris ce reproche à cœur et essayé toutes sortes de singeries pour plaire à son mari. Celui-ci fut heureux pendant un moment, mais en fin de compte, son insatisfaction reprit le dessus. On le devine, Monique commença à douter sérieusement de sa compétence sexuelle. C'est alors que son mari insista pour qu'ils fassent un échange de partenaires. Monique était très jolie et le couple, très populaire. Avant longtemps, il devint clair pour tout le monde, y compris pour Antoine, que l'on recherchait surtout les talents de Monique. Celle-ci se bâtit une réputation d'experte en amour. Elle appréciait l'attention dont elle bénéficiait et s'enorgueillissait de sa réputation. Faire l'amour avec d'autres hommes la soulageait de la pression qu'elle ressentait dans le lit conjugal; elle n'avait aucun mal à satisfaire les autres hommes qui, au contraire d'Antoine, lui retournaient volontiers ses faveurs.

Avec ses partenaires, Antoine demeurait passif et attendait qu'on le divertisse, comme il avait l'habitude de le faire à la maison. Finalement, personne ne voulut plus faire l'amour avec lui, ce qui l'incita bien vite à revenir à la monogamie. Devant le refus de Monique, il essaya de sauver la face en la qualifiant de nymphomane.

En thérapie, Monique et Antoine apprirent que le plaisir sexuel repose entre les mains des deux partenaires. Antoine avait voulu en rejeter l'entière responsabilité sur sa femme qui l'avait acceptée sans la mettre en doute et avait tenté de pallier l'insatisfaction de son mari. Voilà exactement ce qui se produit lorsqu'on se sert du sexe pour réparer des torts. L'un des partenaires assume l'entière responsabilité du plaisir sexuel et du bien-être du couple.

Il est surprenant de voir le nombre de couples qui ne partagent pas la responsabilité du plaisir sexuel. Le problème surgit lorsqu'un partenaire fait allusion à son insatisfaction, alléguant que le sexe n'est plus aussi agréable qu'autrefois. Le conjoint «responsable» déploie alors des efforts inouïs pour corriger la situation en cherchant ce qui pourrait plaire à l'insatisfait. Il finit par réprimer ses propres besoins ou désirs, et le sexe devient pour lui une corvée. Personne ne peut se charger entièrement des besoins d'un tiers sans finir par éprouver du ressentiment, de la colère ou un sentiment d'incompétence. Pendant ce temps, le partenaire «irresponsable», qui assume que tout est rentré dans l'ordre, se contente de profiter de l'attention accrue dont il bénéficie. Le déséquilibre s'approfondit à l'insu des partenaires.

Parfois, cette situation persiste dans la vie des époux jusqu'à ce qu'ils se croient sexuellement incompatibles. Le plus travailleur des deux évite le sexe parce que la pression qui le pousse à satisfaire son conjoint lui ôte tout plaisir sexuel. Quant au partenaire irresponsable, il devient de plus en plus difficile et exigeant de sorte qu'il continue de considérer l'autre comme un incapable. Tous deux entretiennent l'illusion que le second ne se dépense pas assez tandis que le premier éprouve un désir sexuel normal.

La communication simple et directe suffit habituellement à éclaircir ce type de problèmes. Personne ne lit dans les pensées d'autrui de sorte que chaque partenaire doit prendre sur lui d'expliquer à l'autre ses goûts et ses désirs.

Ce n'est pas uniquement dans la chambre à coucher qu'on utilise le sexe pour réparer des torts. En effet, un nombre étonnant de couples s'en servent pour passer l'éponge sur des blessures ou des échecs qui n'ont rien à voir avec le sexe. Dans ce cas, l'un des partenaires tente d'aider l'autre à traverser les épreuves de la vie en se servant du sexe pour le nourrir. En voici deux exemples:

Brigitte revenait souvent du travail en colère ou blessée à la suite d'un incident fâcheux. Pour la consoler, Jacques, son mari, la noyait de compliments sur sa beauté, puis l'entraînait inévitablement vers la chambre à coucher où il lissait ses plumes ébouriffées en lui faisant l'amour.

Marguerite était très sociable, tandis que François était plutôt gauche et timide avec les gens. Chaque fois qu'il subissait un rejet ou s'ennuyait à une soirée, elle le consolait en lui offrant un merveilleux moment au lit.

Jacques comme Marguerite se servent du sexe pour consoler leur partenaire de sa déception, croyant se montrer gentils, compréhensifs et utiles. En fait, ils perpétuent un comportement infantile et inadéquat. Ils renforcent l'asociabilité de François et la colère de Brigitte. Ainsi, il suffit à ces derniers de commettre des bévues à une soirée ou au bureau pour se faire gâter au lit. Pourquoi François apprendrait-il à se montrer plus sociable et Brigitte à résoudre ses problèmes professionnels alors que leur inaptitude à tous deux est si grandement récompensée?

Utiliser le sexe pour réparer des torts a deux conséquences négatives. En premier lieu, aucun des partenaires n'en tire le maximum de plaisir. Celui qui cherche à rasséréner l'autre conçoit le sexe comme un devoir tandis que le conjoint malheureux le tient pour acquis. En second lieu, cela empêche les deux partenaires de grandir émotionnellement. Le premier joue le rôle d'une nourrice pour le partenaire infantile. Ni l'un ni l'autre n'apprend à assumer ses responsabilités en ce qui touche ses erreurs et son plaisir.

Des relations déséquilibrées comme celles que nous venons de décrire ont tendance à s'établir lorsqu'un des partenaires est égocentrique ou nourrit des stéréotypes à l'égard du sexe opposé. Il croit, par exemple, que:

- les femmes sont passives de nature et n'aiment pas faire l'amour;
- l'homme doit toujours prendre l'initiative des rapports amoureux;
- il est du devoir de la femme de plaire à son mari;
- les hommes sont rudes et manquent de considération;
- les femmes veulent être dorlotées;
- les femmes sont fragiles et doivent être traitées avec un soin extrême;
- «Je ne peux pas apprécier le sexe si je n'obtiens pas ce que je veux.»
- «Il faut qu'on m'en donne l'envie.»
- «Je ne prends pas plaisir au sexe si je ne suis pas vraiment excité sexuellement.»
- «J'ai besoin d'inspiration pour que le sexe soit agréable.»

Toutes ces attitudes nuisent au plaisir sexuel en niant le fait que les partenaires ont des besoins et des désirs uniques. Il est facile, lorsqu'on ne tient pas compte de l'individualité de chacun, de prendre trop de responsabilités ou de manquer d'égards envers son partenaire. Le conjoint le plus consciencieux se transforme en cheval de labour tandis que le partenaire plus égocentrique joue le rôle d'un spectateur qui exige d'être diverti et satisfait.

Il est possible de résoudre ces problèmes. Tout d'abord, les partenaires doivent comprendre qu'ils sont responsables à la fois de leur propre plaisir et de celui de l'autre. Ensuite, chacun doit déclarer ouvertement ses préférences et ses désirs. Puis, ensemble, les partenaires cherchent des façons de se faire plaisir personnellement tout en satisfaisant l'autre. (Lisez les suggestions proposées à la fin du chapitre sur l'estime personnelle.) En outre, vous pouvez:

- Renverser les rôles: l'homme adopte le comportement habituel de la femme et vice versa. Ceci devrait vous aider à développer votre empathie mutuelle et vous empêcher de vous manquer d'égards.
- Essayez de répondre vous-même à vos attentes au lieu d'imposer de nouvelles exigences à votre partenaire. N'attendez jamais de votre partenaire des gestes que vous n'êtes pas prêt à faire vous-même.
- Discutez ouvertement de vos rapports sexuels en décrivant en détail vos sentiments et la manière dont vous en sentez les différents aspects. Insistez sur les aspects positifs et négatifs de chaque expérience. Par exemple: «Les baisers prolongés m'excitent, mais quand tu baves partout sur moi, cela me refroidit.»
- Exprimez vos fantasmes sexuels d'une manière précise. «J'aimerais que tu sois plus agressif» est plutôt vague. «Pince plus fort» est plus précis. «Pince mes fesses plus fort, mais sois doux avec mes mamelons», l'est encore davantage. Joignez le geste à la parole, les résultats seront encore meilleurs.

6

Le sexe pour préserver la fidélité

Je lui en donnerai tant qu'il/elle
n'ira pas voir ailleurs

L'infidélité conjugale inflige un coup sérieux à toute relation, commme le savent les couples qui valorisent la fidélité.
En fait, bien des couples croient le mariage impossible sans
elle. Ce désir de fidélité exerce une influence considérable sur
leur comportement sexuel. Les couples fidèles font des pieds
et des mains pour prévenir l'égarement de l'un des partenaires, mais leurs efforts sont parfois inefficaces. La saturation et l'avarice sont deux tactiques fréquemment employées.

La saturation

Être saturé de sexe, c'est faire l'amour sans en ressentir le
besoin ni le désir. Afin de prévenir toute infidélité au sein de la
relation, certains couples font l'amour plus souvent qu'il ne
faut pour le désirer ou l'apprécier. Peu importe qu'ils en res-
sentent le désir ou non, ils ont des relations sexuelles tous
les jours. (Nous connaissons au moins un couple qui faisait
l'amour matin et soir.) Ce comportement censé assurer la fidélité du couple la garantit rarement.

Si la plupart des couples ne vont pas jusqu'à faire l'amour de façon routinière matin et soir, nombreux sont ceux qui jouent occasionnellement la carte de la saturation. Le comportement d'Aline et de Paul illustre bien ce fait. Dans le cadre de son travail, Paul était parfois appelé à s'absenter de chez lui quelques jours d'affilée. Chaque fois qu'il prévoyait partir, Aline insistait pour qu'ils fassent l'amour plusieurs fois, non pas par plaisir, mais parce que l'absence et la liberté futures de son mari l'inquiétaient. Celui-ci n'y prenait pas plaisir non plus, car il se sentait contraint. L'insécurité excessive d'Aline lui donnait également l'impression qu'il l'abandonnait.

Il commença donc à fuir les rapports sexuels. Les partenaires s'accusèrent mutuellement d'infidélité et prirent de la distance l'un envers l'autre. Comme d'habitude, on blâmait le sexe pour un problème qui aurait dû se résoudre hors de la chambre à coucher.

Dans le passé, ce sont surtout les femmes qui avaient recours à la saturation afin d'assurer la fidélité de leur mari. Aujourd'hui cependant, un nombre croissant d'hommes se lancent dans une activité sexuelle frénétique avant le départ de leur femme en déplacement d'affaires et à leur retour, «afin qu'elle me reste fidèle». Au début, la femme trouve cela charmant, elle apprécie le surcroît d'attention dont elle bénéficie et se fait fort de rassurer son mari. Mais elle finit, tout comme les hommes, par éprouver du ressentiment envers le manque de confiance de celui-ci.

La saturation comme gage de fidélité est fondée sur la présomption erronée selon laquelle un partenaire ne succombera pas à la tentation s'il est gavé de sexe. Les personnes qui ont recours à cette stratégie semblent croire que le désir sexuel obéit à des principes de comptabilité: «Pour chaque relation sexuelle que nous avons, il ou elle désirera un rapport sexuel extraconjugal de moins.» Rien de plus faux. Le sexe à outrance détruit tout désir sexuel envers la personne qui l'exige. La satiété, l'ennui et le ressentiment finissent par en prendre la place;

le sexe devient un devoir, une performance contrainte. Personne ne peut vraiment l'apprécier dans ces circonstances.

L'idée d'un nouveau partenaire devient alors attrayante pour deux raisons. D'une part, la variété chasse l'ennui qui s'est installé avec le partenaire habituel. D'autre part, l'amour physique avec un nouveau partenaire sera inévitablement plus réjouissant et moins contraignant parce qu'il n'est pas motivé par la nécessité de préserver la fidélité: il apparaît alors comme une évasion ou un paradis. On peut donc dire que l'effet réel de la saturation est d'encourager l'infidélité. L'histoire ci-dessous, bien qu'extrême, illustre bien l'effet trompeur de la saturation.

Mme Lépine vint nous consulter parce que «soudain, mon mariage s'est écroulé». Elle avait pris un amant beaucoup plus jeune qu'elle et son mari était parti avec une femme plus âgée. Leurs enfants ne cessaient pas de pleurer et faisaient la navette entre leurs parents. Mme Lépine ne comprenait pas comment tout ceci était arrivé. «Notre relation était solide comme du roc», affirma-t-elle.

En parlant, nous découvrîmes que cette relation soi-disant solide était fondée sur des rapports sexuels bi-quotidiens depuis le mariage du couple, onze ans plus tôt. Leur vie tout entière et leur routine quotidienne semblaient centrées sur le sexe. Selon Mme Lépine, le couple s'était entendu pour avoir une petite «vite» avant le travail, afin de pouvoir tenir jusqu'au soir. Ils passaient une grande partie de leurs soirées à faire l'amour jusqu'à plus soif.

Ce rituel se poursuivit pendant six ans. Lorsque les enfants arrivaient de l'école, le couple les envoyait chez des amis, dans leur chambre ou les priait de regarder la télévision pendant que maman et papa s'enfermaient dans leur chambre. Un observateur objectif aurait pu honnêtement conclure que les époux essayaient d'anéantir leur désir sexuel réciproque.

M. et Mme Lépine accordaient une grande importance à la fidélité conjugale. Ils s'étaient juré fidélité jusqu'à la mort et prenaient les mesures qu'ils croyaient appropriées pour respecter cette priorité. (On ne peut qu'admirer leur dévouement à leur cause.) Tous deux se vantaient d'être fidèles et chaque époux était absolument certain que l'autre ne regarderait jamais quelqu'un d'autre.

On comprend alors l'étonnement et la confusion que ressentit Mme Lépine lorsqu'elle éprouva une attirance incontrôlable envers un étudiant que le couple avait engagé pour aménager un terrain. M. Lépine chercha refuge auprès d'une femme plus âgée qui se montrait très compréhensive et moins exigeante au lit.

D'abord Mme Lépine, puis M. Lépine (qui vint finalement nous consulter) furent d'accord pour dire qu'au fond, ils ne désiraient ni n'appréciaient des rapports sexuels aussi rapprochés. Ils se rendirent également compte que leur attitude envers le sexe était responsable de la vie restreinte et ennuyeuse qu'ils menaient. Ensemble, nous avons exploré des manières différentes d'assurer la fidélité dans le couple. En l'espace d'un an environ, le sexe perdit un peu de son importance pour le couple, dont la fréquence des rapports correspondait dorénavant à la moyenne nationale. M. et Mme Lépine étaient plutôt satisfaits de leur situation.

Rechercher la variété jusqu'à satiété

L'expérimentation et la recherche de la variété rendent le sexe intéressant et agréable, mais elles peuvent saturer le couple autant que la fréquence. Dans cette forme de saturation, le couple considère la variété comme la clé d'une union heureuse et durable.

Un partenaire, ou les deux, exige sans cesse de nouvelles positions et techniques afin de conserver au sexe son intérêt. Le couple essaie une nouveauté après l'autre et manifeste une étonnante créativité. Malheureusement, lorsque la raison de cette variété est d'assurer la fidélité du couple, une grande partie du plaisir sexuel est perdu. Pourquoi?

L'expérimentation sexuelle qui découle de l'évolution naturelle d'une relation est fondée sur le besoin mutuel des amoureux de mieux se connaître. Elle est centrée sur le couple qui explore ses besoins, ses désirs et ses préférences réciproques. Les partenaires visent une compréhension mutuelle et la satisfaction, l'harmonie et l'intimité sexuelles. Par contre, l'expérimentation sexuelle qui vise à préserver la fidélité du couple s'inspire du besoin de conserver au sexe son piquant. Elle est centrée sur la recherche de la variété, du plaisir physique et de l'intensité. Le couple cherche à rendre chaque rapport sexuel meilleur et plus excitant que le dernier.

Ces couples prennent rarement le temps d'explorer à fond chacune de leurs découvertes. Or, il est impossible de saisir toutes les facettes d'une nouveauté du premier coup, et toute innovation s'accompagne inévitablement d'une certaine anxiété. Les partenaires qui essaient une nouvelle position une fois ou deux seulement ont à peine le temps d'en comprendre la dynamique et de dissiper leur anxiété. Enfin, ils ont tendance à se perdre l'un l'autre dans la frénésie qui les pousse sans cesse à innover et à améliorer leur technique. Ils se concentrent sur le *degré* de plaisir que leur procurera chaque rapport plutôt que sur son effet sur chacun d'eux et sur la relation.

En somme, l'évolution naturelle d'une relation sexuelle met en jeu une certaine variété centrée sur le couple et approfondie dans une atmosphère de tendresse et de curiosité, qui ne vise pas à assurer la fidélité des conjoints. Mentionnons le cas extrême de cette femme qui proposa un échange de partenaires à son mari afin de stimuler sa passion pour elle. La logique de ce comportement nous échappe. «Avec toute cette variété, il n'est pas prêt de se fatiguer de moi», nous déclara-t-elle.

L'avarice sexuelle

La dernière tactique, et la moins courante, consiste à essayer de préserver la fidélité de son partenaire en évitant les rapports sexuels. Nous étions passablement déroutés la première fois que nous rencontrâmes cette approche de la fidélité, qui semble fondée sur la présomption que «la privation stimule l'intérêt et le désir d'une personne pour la chose dont elle est privée». En voici un exemple.

Philippe et Jocelyne vinrent nous consulter parce leur vie sexuelle était «inexistante». Ils n'étaient mariés que depuis trois ans et déjà, faisaient l'amour moins de deux fois par mois. Cette situation les rendait perplexes parce qu'ils aimaient tous deux le sexe et semblaient nourrir des attitudes saines à cet égard. Dans leur cas, nous ne pûmes confirmer l'existence de raisons non liées au sexe et allions nous avouer vaincus lorsqu'éclata la discussion qui suit:

Philippe (désespéré): Bon Dieu! Je n'arrive pas à te comprendre. Tu es tellement avare de ton affection, on croirait que c'est de l'or! Dans quel but l'économises-tu?
Jocelyne (d'un ton mordant et avec des gestes menaçants): C'*est* de l'or! Et je l'économise pour le crétin qui est assis près de moi!
Philippe: Crétin! C'est toi l'entêtée qui ne veut rien donner.
Thérapeute: Un instant! Jocelyne, tu gardes ton affection pour Philippe?
Jocelyne (criant): Justement! Si je ne lui en donne pas trop, cela avive son intérêt. S'il obtient tout ce qu'il veut maintenant, qu'est-ce qui l'attirera dans dix ans? (L'air étonné) Il finira par se fatiguer... (pleure)... (rit)... Bon Dieu!... Je me sens tellement idiote. Je n'avais aucune idée de ce que je faisais.

Comme c'est souvent le cas, le couple découvrit que son véritable problème n'avait rien à voir avec le sexe. Ici, il était lié à l'insécurité de Jocelyne, à son sentiment que personne ne voudrait d'une relation durable avec elle. Elle se servait du sexe dans un but qui n'avait rien à voir avec lui: préserver l'amour de Philippe.

Ces cas extrêmes sont plutôt rares. Toutefois, bien des couples ont recours à une forme mitigée d'avarice sexuelle que nous appelons «sexe de week-end». Ils font l'amour seulement le week-end. Tout désir survenant avant ce temps est réprimé. On comprend ce genre d'arrangement lorsqu'il est motivé par l'épuisement ou la séparation physique, mais en général, nous doutons de la sagesse de ce comportement pour les raisons suivantes:

1. Le désir sexuel n'obéit nullement aux règles de l'horloge ni à celles du calendrier.
2. Les rapports sexuels les plus satisfaisants sont habituellement spontanés.
3. Garder le sexe pour le week-end contraint les partenaires à:
   a) faire l'amour même si leur humeur et leur état émotif ne les prédispose pas au sexe à ce moment-là;
   b) s'envoyer en l'air chaque fois, cette attente créant en soi une pression encore plus grande sur eux.

Le sexe de week-end révèle habituellement l'existence d'autres problèmes. Il est souvent motivé par l'insécurité des partenaires. Les couples ont l'impression que les rapports sexuels en semaine seront médiocres et diminueront les «feux d'artifice» du week-end. Il s'agit là simplement d'une façon de camoufler un «faible désir sexuel» (ce qui nous indique que des motifs non liés au sexe sont en jeu). Le couple crée l'illusion d'un vif désir sexuel parce qu'il ne peut attendre jusqu'au week-end. Si c'est le cas, alors pourquoi attendre jusque-là?

* * *

Quelles personnes sont les plus portées à recourir à ces stratagèmes dans leur relation? Ce sont surtout celles qui accordent une importance exagérée au sexe au détriment de l'aspect émotionnel du mariage. La fidélité conjugale n'est jamais garantie. La meilleure façon de prévenir l'infidélité consiste à établir une relation profonde et significative, dans laquelle chaque partenaire essaie de combler les besoins émotifs et sexuels de l'autre. C'est lorsque ces besoins ne sont pas exprimés ni satisfaits que les partenaires sont le plus vulnérables à l'attrait du nouveau.

La fidélité n'est pas une chose que l'on risque à des jeux comme la saturation ou l'avarice sexuelle. Il faut la nourrir à travers la confiance, la communication et l'édification de liens émotifs.

Voici des conseils qui vous aideront à ne pas utiliser le sexe comme gage de fidélité:

- Dressez une liste des qualités que vous appréciez et admirez chez votre partenaire. Décrivez vos sentiments face à chacune d'elles. Puis, montrez votre liste à votre partenaire.
- Dressez une liste des besoins non liés au sexe que votre partenaire comble chez vous. Mesurez l'importance de chacun d'eux. Montrez votre liste à votre partenaire.
- Énumérez vos qualités et les besoins que vous comblez chez votre partenaire. Examinez en quoi vos qualités lui sont utiles. Discutez-en avec lui, puis demandez-lui d'établir une liste semblable à votre sujet.
- Dressez une liste des objectifs non liés au sexe de votre relation, des activités que vous aimez faire, essayer, partager, etc.
- Plusieurs fois par semaine, mentionnez à votre partenaire un aspect de sa personnalité que vous appréciez hors de la chambre à coucher.

Penchez-vous sur l'importance qu'ont ces besoins, ces qualités et ces objectifs non liés au sexe à vos yeux: comment ils contribuent à vous faire grandir et à solidifier votre relation. Renforcez vos liens émotifs avec votre partenaire et votre vie sexuelle s'épanouira.

7

Le sexe pour affirmer
son identité

Je vais lui prouver que je suis un homme!
Je vais lui montrer de quoi une femme est capable!

On appelle identité sexuelle les sentiments que nous éprouvons envers nous-mêmes en tant qu'êtres sexuels. Elle se compose de deux parties:

Partie A: Notre image de nous-mêmes en tant qu'amants. Nous nous sentons compétents ou incompétents selon le succès et le plaisir que nous récoltons dans la chambre à coucher.
Partie B: Notre aisance dans notre peau d'homme ou de femme. Celle-ci dépend de notre degré de conformité à notre conception personnelle de la masculinité ou de la féminité, *à l'extérieur de la chambre à coucher.*

Lorsque nous nous sentons sexuellement compétents *et* que nous respectons nos propres normes en ce qui touche la masculinité ou la féminité, notre identité sexuelle est solide et intégrée, et nous menons une vie sexuelle saine, active et satisfaisante. Les problèmes surviennent lorsque nous sommes mal à l'aise au lit *ou* que nous ne possédons pas de normes claires en ce qui touche le fait d'être un homme ou une femme. Une identité sexuelle inappropriée ou sous-développée peut exercer une influence considérable sur notre vie sexuelle.

Comment? Prenons le cas d'une personne mal à l'aise dans la chambre à coucher.

Il est tout à fait normal de vouloir éviter une activité pour laquelle on ne se sent pas doué. Si vous êtes maladroit au golf, y jouerez-vous souvent? Si votre vision est mauvaise, aimerez-vous le billard? Or, le sexe n'échappe pas à cette règle. Si vous vous sentez gauche au lit, vous ferez sûrement l'amour moins souvent que vous le voudriez. La nature humaine étant ce qu'elle est, la plupart des gens évitent d'affronter leur maladresse au lit. Beaucoup tolèrent des rapports sexuels insatisfaisants plutôt que d'admettre leur ignorance ou de rechercher une aide, comme l'illustrent les cas exposés ci-dessous.

À vingt-six ans, Maxime était encore vierge. Il vint nous consulter parce que la dernière d'une série de relations était en train de tourner au vinaigre. Jusqu'à ce jour, il avait attribué son inexpérience sexuelle au fait qu'avant Corinne, il n'avait jamais connu de femme qui l'excitât vraiment. Corinne désirait faire l'amour avec lui, mais bien que tenté, Maxime se défilait toujours. Il finit par se trouver à court d'excuses et force lui fut de s'avouer son incompétence. «Jusqu'ici, je me disais que lorsque je trouverais la femme qui me convient, la nature prendrait le dessus. Je crois que je me suis montré difficile sur le choix de mes partenaires afin d'éviter tout rapport sexuel. Je ne connais pas grand-chose au sexe», déclara-t-il.

Maxime eut le courage de chercher de l'aide. Les techniques conventionnelles s'appliquaient parfaitement à son cas. Après plusieurs lectures et séances de consultation, la relation du couple prit une tournure très satisfaisante. Le cas de Maxime est plutôt extrême. On en rencontre souvent de moins graves tant chez les couples mariés que chez les célibataires.

Catherine et Jean-Luc était mariés depuis presque quatre ans. Avant leur mariage, ils avaient fait l'amour moins d'une fois par semaine, attribuant leur manque d'enthousiasme aux circonstances. Après la cérémonie, ils blâmèrent la période d'adaptation pour leur manque d'ardeur. Enfin, après quatre ans de sexe bimensuel médiocre, ils se rendirent à l'évidence que quelque chose ne tournait pas rond.

Chacun exprima ses doutes pour la première fois en thérapie. Jean-Luc admit qu'il fuyait les rapports amoureux parce qu'il se sentait inexpérimenté et gauche. Pour sa part, Catherine croyait que Jean-Luc ne la trouvait pas attirante. Ici encore, les techniques de thérapie conventionnelles firent merveille.

* * *

Les symptômes décrits ci-dessous indiquent qu'une piètre image de soi nuit à sa vie sexuelle:

1. Afficher une attitude de dépit ou nier tout intérêt envers le sexe, en tenant les propos ci-dessous:
   a) «C'est bien le sexe, mais ce n'est pas aussi sensationnel qu'on le dit!»
   b) «En quoi le sexe est-il si important?»
   c) «De toute façon, ça ne prend que cinq minutes, alors pourquoi en faire tout un plat?»

Ce sont les personnes qui n'aiment pas faire l'amour qui parlent ainsi. L'acte sexuel devrait être agréable et il vaut vraiment la peine qu'on y investisse du temps et des efforts afin de l'apprécier. Quiconque n'est pas de cet avis est sans doute mal à l'aise au lit.

2. Se montrer exagérément difficile au sujet de ses partenaires: au fond, si une personne ne trouve jamais chaussure à son pied, c'est qu'elle ne le veut pas.
3. Toujours laisser son partenaire amorcer les rapports sexuels.
4. Éprouver un sentiment de soulagement une fois l'acte sexuel terminé. La personne craint de ne pas être à la hau-

teur pendant l'amour. Lorsque tout est fini, elle se sent soulagée de n'avoir pas gaffé au lieu de sentir sa tension sexuelle apaisée.

5. Choisir à dessein un partenaire impossible ou inaccessible: «Je veux Pauline, mais elle est mariée» ou «Je suis follement éprise du Père Bernard» ou «Je ne coucherai qu'avec un millionnaire et je n'en ai pas encore trouvé un!»

Fait étonnant, ce sentiment d'incompétence sexuelle est très répandu. Des milliers de couples souffrent de leur gaucherie au lit et réagissent bien aux techniques de thérapie conventionnelles.

S'identifier à son sexe

Examinons maintenant la deuxième facette de l'identité sexuelle: le fait de se sentir bien dans sa peau d'homme ou de femme. «Est-ce que j'aime être un homme ou une femme?» De nombreuses personnes ne sont pas contentes de leur sexe et vont même, comme c'est le cas pour les transsexuels, jusqu'à subir une opération pour en changer.

Nous ne nous occuperons ici que des personnes qui entretiennent des doutes modérés quant à leur identité sexuelle. Elles ne se sentent pas assez masculines ou féminines, ou présentent des traits de caractère généralement associés au sexe opposé. C'est le cas, par exemple, d'une femme qui aime se montrer brusque, audacieuse et agressive ou d'un homme qui se sent trop sensible et déteste la compétition et la rudesse.

Ces personnes apprécient leur sexe, mais doutent de leur masculinité ou de leur féminité, de sorte qu'elles recherchent constamment la confirmation de leur nature sexuelle en se montrant hypersexuelles. L'homme s'emploie à séduire autant de femmes qu'il le peut tandis que la femme cherche la moindre occasion d'être conquise. (Certaines personnes se contentent d'imaginer que chaque représentant du sexe opposé les désire violemment.)

En résumé, ces hommes et ces femmes se servent du sexe pour apaiser leurs doutes concernant leur identité sexuelle en se conformant aux normes de masculinité et de féminité et non en cherchant à satisfaire leurs pulsions sexuelles. Ils tirent plaisir de l'acte de séduction et du soulagement subséquent de leurs doutes, plutôt que de se laisser guider par leur énergie sexuelle.

Au cours des rapports amoureux, ils sont tiraillés entre ce qu'ils voudraient faire et ce qui est considéré comme «masculin» ou «féminin». Ainsi, la femme voudrait se montrer active et donner le ton, mais doit se montrer timide et aguichante pour confirmer sa féminité. L'homme voudrait se laisser passivement dorloter, mais son idéal masculin le pousse à se montrer agressif et hardi. Ces personnes tirent peu de plaisir du sexe. On ne peut aller à l'encontre de ses désirs et être comblé sexuellement. Les techniques de thérapie conventionnelles sont peu efficaces dans ces cas.

Comment en vient-on à douter de sa sexualité? Examinons des cas qui illustrent les causes principales de cette attitude, soit le conditionnement familial et le milieu culturel.

Jacques, vingt-neuf ans, vint nous consulter parce que sa fiancée avait rompu avec lui. Florence, qu'il aimait profondément, l'avait surpris au lit avec une autre femme. Ce n'était pas la première fois qu'il la trompait. En fait, en écoutant Jacques, on avait vraiment l'impression qu'il convoitait la médaille d'or des Olympiques sexuelles. Sa vie sexuelle consistait en une série d'aventures sans lendemain. Il ne connaissait pas grand-chose de ses partenaires, à part leurs talents d'amoureuses.

Il devint vite apparent que Jacques se servait de sa chambre à coucher comme d'un quartier général pour mener une campagne destinée à prouver sa virilité. Il résistait à tous nos efforts pour l'inciter à examiner son comportement, soucieux de ne parler que de ses aventures. Le thérapeute l'encouragea en feignant d'admirer ses prouesses sexuelles. Enfin, nous assistâmes à l'échange ci-dessous:

Thérapeute: Bravo! Vous lui en avez donné pour son argent!

Jacques: Ouais! Elle ne l'oubliera jamais, celle-là!

Thérapeute: Oublier quoi?

Jacques: Ce que c'est que d'être baisée par un vrai mâle.

Thérapeute: Et Jeanine, Marthe et les autres, croyez-vous qu'elles ont compris le message?

Jacques: Ouais! Elles ne peuvent plus se passer de ma queue.

Thérapeute: Vous devez être vraiment fier de vous, vous êtes un surhomme, un super mâle.

Jacques: Ouais. Je me sens très viril.

Thérapeute: Décrivez-moi comment on se sent quand on est un vrai homme.

Jacques commença à explorer ses véritables sentiments plutôt que de se contenter de jouir de ses fantasmes masculins. Il admit qu'il s'était toujours senti un peu efféminé. Il était le benjamin de trois garçons. Ses parents voulaient une fille, mais avaient abandonné après la naissance de Jacques. Il leur arrivait d'habiller «Jacqueline» en petite fille et de mettre des rubans dans ses cheveux, parfois même en présence d'invités qui, tous, s'extasiaient sur sa beauté féminine. Cette mascarade se poursuivit jusqu'à ce que Jacques ait cinq ou six ans.

Vers l'âge de dix ans, Jacques manifesta un intérêt passager pour les travaux au crochet de sa mère. Celle-ci l'encouragea bien au-delà de sa curiosité naturelle et il continua à crocheter pour lui faire plaisir. Un jour, ses amis découvrirent son passe-temps et se moquèrent de lui. À partir de ce jour, Jacques jura que personne ne douterait plus de sa virilité. Personne n'en douta plus, à l'exception de lui-même. Ses doutes le rendirent hypersexuel.

Lorraine consulta un thérapeute parce qu'elle «ne pouvait pas se retenir». «J'aime être conquise, affirma-t-elle, mais pour ce qui est du sexe, c'est autre chose. Je pense que je suis trop préoccupée par les maladies ou par ma réputation pour vraiment y trouver du plaisir.» Elle possédait une longue liste d'amants. Au cours de la thérapie, elle comprit que faire l'amour la rassurait sur son charme: plus les hommes la dési-raient, plus elle se sentait féminine.

Lorraine était, elle aussi, victime du désir de ses parents d'avoir un enfant de l'autre sexe. Elle se rappelait comment son père lui avait enseigné à «lancer comme un gars», à courir plus vite que les filles et à tirer au poignet. Il pratiquait toutes sortes de sports et ne lui offrait jamais de jouets qu'il croyait destiné aux «tapettes». Il se moquait aussi de ses petits côtés tendres: «Oh! Comme elle est mignonne dans cette robe ridicule!» Il tournait en dérision chacune de ses tentatives pour afficher sa «féminité». Il n'est pas étonnant que Lorraine se fût sentie forcée de prouver son charme féminin.

Tant Lorraine que Jacques étaient victimes des tentatives délibérées de leurs parents de bâtardiser leur sexe. Les parents ne se rendent pas compte de leur cruauté ni des dommages à long terme qu'ils infligent à la vie sexuelle de leurs enfants adolescents, puis adultes. Nous avons été étonnés de voir le nombre de nos clients qui se plaignent d'un comportement simi-laire chez leurs parents. Donner à l'enfant un nom bisexuel, l'habiller comme les membres du sexe opposé et lui acheter des jouets non désirés et inappropriés, voilà les délits les plus cou-rants. Comme le racontait un de mes clients: «On m'avait offert une poupée pour Noël. Vous voyez ça? J'ai cinq ans, je veux un fusil, une bicyclette ou un train et on me donne une poupée! J'étais furieux et blessé, mais j'avais compris le message.»

Dans d'autres cas, c'est le milieu culturel qui brouille l'identité sexuelle de l'enfant. Les parents le forcent à obéir à un stéréotype culturel masculin ou féminin. L'enfant essaie à contrecœur de se conformer à ces idéaux, mais n'y parvient ja-mais tout à fait et il finit inévitablement par douter de son identité sexuelle.

Cela arriva à Clément. Son père était un homme bourru qui lui montra que les hommes ne pleurent pas («Arrête de pleurer, fillette!»), qu'ils sont courageux, adorent l'aventure («Allez entre! Les hommes n'ont pas peur du noir»), le sport et la compétition («Une bonne bataille n'a jamais fait de mal à personne!»). Or, en grandissant, Clément s'aperçut qu'il lui arrivait d'avoir peur ou de vouloir pleurer, et que l'aventure le laissait parfaitement indifférent.

À l'adolescence, il développa une passion pour la peinture et pour la musique. C'était un jeune homme très sensible et talentueux; en fait, il voulait devenir artiste, mais il devint entrepreneur pour des raisons financières. Toute sa vie, Clément essaya de réprimer sa nature sensible. Il avait assimilé le stéréotype culturel véhiculé par son père, mais il nourrit toujours des doutes sur sa masculinité.

Après quinze ans de mariage, sa femme rechercha de l'aide. Elle n'en pouvait plus du besoin sexuel croissant de Clément. «J'aime faire l'amour. Mais trop c'est trop. Je croyais qu'il ralentirait un peu en vieillissant. J'ai parfois l'impression qu'il fait l'amour par obligation», déclara-t-elle.

Au cours de la thérapie, Clément se rendit compte que son identité masculine exagérée avait créé en lui une fausse faim sexuelle. Il voulait faire l'amour souvent et longtemps simplement parce qu'il avait l'impression que les vrais hommes se comportaient ainsi.

Les exemples précédents illustrent plusieurs facettes de l'utilisation du sexe pour confirmer son identité sexuelle:

- Les hommes comme les femmes sont victimes de ce comportement.
- Le sexe ne peut jamais satisfaire un besoin non lié au sexe. Dans le cas où on tente de l'utiliser à cette fin, il n'est jamais aussi agréable qu'il pourrait l'être.
- Il n'y a pas nécessairement plusieurs partenaires en jeu. Ainsi, Clément n'avait jamais eu de liaisons extraconjugales. Il exprimait son hypersexualité dans le mariage.
- Les techniques conventionnelles de thérapie sont inutiles dans ces cas.

Les personnes qui n'ont pas personnalisé ni assimilé le concept de la masculinité ou de la féminité seront plus portées à utiliser le sexe pour confirmer leur identité sexuelle. Il appartient à chacun de nous de décider ce qu'est un homme ou une femme, et ce qui fait un bon amant ou une bonne amante. C'est seulement lorsque nous établissons nos propres normes réalistes et personnelles que nous nous sentons confiants au niveau du sexe. En l'absence de ces normes, l'identité sexuelle est déterminée par un idéal ou par un stéréotype imaginaire.

En résumé, disons que les personnes qui doutent de leur compétence sexuelle font l'amour moins souvent qu'elles le voudraient. Par contre, celles qui éprouvent des doutes quant à leur identité sexuelle font l'amour plus souvent qu'elles le voudraient. Quoi qu'il en soit, elles ne récoltent pas leur pleine mesure de plaisir sexuel. Les techniques traditionnelles de thérapie conviennent bien aux premières tandis que les secondes bénéficient davantage de la thérapie axée sur le sexe non sexuel.

* * *

Si vous croyez que vous ou votre partenaire vous trouvez dans l'un ou l'autre cas:

- Réfléchissez et exprimez à votre partenaire votre conception de l'homme ou de la femme idéale. Décrivez-en le plus grand nombre de facettes possible que vous appuierez par des exemples. Puis, étudiez chaque facette afin de voir si elle est réaliste et souhaitable tant pour vous que pour votre partenaire et discutez de la manière dont elle influencerait chacun de vous ainsi que votre relation.
- Faites semblant d'être un bon amant ou une bonne amante. Imaginez votre comportement en détail. Mettez-le plusieurs fois en pratique avec votre partenaire. Vous serez surpris de vos progrès.

- Faites l'amour en écoutant de la musique. Laissez-vous porter par la musique et laissez-la vous guider. Vous comprendrez que se laisser aller est l'élément clé des rapports sexuels satisfaisants. N'essayez pas de *contrôler* vos gestes afin de vous faire plaisir ou de plaire à votre partenaire. Abandonnez-vous simplement à vos sentiments et à vos impulsions. C'est ce que fait un bon amant. Suivre le va-et-vient de ses sentiments et de ses impulsions sexuelles, voilà la clé du plaisir.

8

Le sexe pour se mettre en valeur

Comment trouves-tu ma performance?

Simon fut arrêté pour racolage, puis relâché à la condition qu'il suive une thérapie. Au cours de celle-ci, il raconta qu'il avait l'habitude d'aborder des étrangers dans les toilettes pour hommes de l'université et de leur offrir gratuitement des faveurs sexuelles. Effrayé par son offre, un homme avait appelé la police.

Simon reconnut que le plaisir sexuel était secondaire pour lui et qu'il n'aimait pas vraiment ce qu'il faisait. Toute son excitation résidait dans le fait d'aborder un inconnu et de voir «l'expression étonnée et interrogative de son visage... d'attendre son refus ou son acceptation».

Le problème de Simon avait peu à voir avec le sexe. En fait, il était relié à l'estime de soi. Simon se servait du sexe pour confirmer son manque de valeur. Après tout, «personne d'autre qu'un pauvre hère des bas-fonds de la ville ne ferait une chose aussi stupide et vulgaire».

Heureusement, des problèmes aussi graves sont plutôt rares. Toutefois, l'estime qu'on se porte influence la vie sexuelle de chacun d'une manière positive ou négative. La personne sûre de sa valeur choisit des partenaires possédant le même statut social, elle accomplit des actes agréables et comble ses besoins sexuels. Bref, pour elle, le sexe constitue une expérience plaisante.

Par ailleurs, la personne qui s'estime peu a tendance à choisir des partenaires plutôt répugnants, à accomplir des actes sexuels avilissants, à saboter son propre plaisir ou à se soucier exagérément de sa performance au lit. Elle tire peu de plaisir des rapports sexuels, mais souvent, cela lui importe peu. Il arrive que la personne souffre de problèmes plus graves, comme dans le cas de Simon.

Chez ce dernier, de nombreux motifs et sentiments avaient besoin d'être séparés du sexe et résolus. Il devait commencer par admettre qu'il tirait peu de plaisir de l'acte sexuel. Pour cela, nous lui avons demandé de revivre mentalement chacun de ses actes dans les toilettes en se concentrant sur les sentiments qui leur étaient associés. Simon se rendit compte qu'il se sentait:

- fort et maître de la situation lorsque sa «victime» prenait un air étonné ou effrayé;
- reconnaissant et heureux lorsqu'un homme lui faisait un accueil chaleureux;
- humilié et soumis lorsqu'il s'agenouillait pour s'exécuter;
- accompli et excité lorsque sa victime avait une érection;
- sexuellement excité lorsqu'il accomplissait l'acte;
- soulagé lorsqu'il était terminé;
- très mal quelques minutes après; et
- poussé à recommencer afin d'éviter de sentir la culpabilité et les sentiments négatifs qui le submergeaient alors.

Il fallait que Simon comprenne chacun de ces sentiments et arrive à les résoudre en quelque sorte. Prenons, par exemple, le premier sentiment. Simon se sentait fort parce que quelqu'un avait peur de lui; il se sentait maître de la situation parce qu'il pouvait décider de continuer ou de s'arrêter là. Ces sentiments étaient reliés au reste de sa vie. Simon confessa qu'il avait grandi en se sentant comme le légendaire gringalet de 45 kilos, un avorton. Son père était une brute autoritaire qui avait mené Simon par le bout du nez pendant toute son enfance. Devenu adulte, Simon était très passif et laissait souvent les autres profiter de lui. Il fut surpris de voir le lien qui existait entre ces expériences et son comportement sexuel.

Il déclara ensuite qu'il éprouvait de la gratitude lorsque ses victimes acceptaient son offre; en acquiesçant, elles corroboraient sa valeur en tant que personne. En effet, Simon avait une si piètre estime de lui-même qu'il était prêt à se laisser humilier pour avoir l'impression d'être aimé pendant un bref moment.

Plus la thérapie progressait, plus il devenait évident que la totalité du comportement de Simon était reliée à l'estime de soi. Nous l'avons donc aidé à clarifier ses sentiments, à prendre conscience de sa valeur et à s'affirmer. Plus tard, nous avons ajouté des techniques orientées vers le sexe afin de lui insuffler assez de confiance pour qu'il puisse établir une relation sexuelle complète.

Les problèmes aussi graves liés à l'estime de soi sont rares, mais une piètre estime personnelle influence des milliers de vies sexuelles à un degré moindre. Les modèles de comportement décrits ci-dessous illustrent quelques-uns des problèmes les plus courants.

Le choix de partenaires répugnants

Les personnes qui appartiennent à cette catégorie semblent incapables de trouver des partenaires respectables. Elles renforcent leur piètre estime d'elles-mêmes en ayant des rapports sexuels avec des personnes peu attirantes.

C'était le cas de Denis, un séduisant célibataire qui possédait un doctorat en physique, mais semblait incapable de trouver des partenaires appropriées. Comme il jugeait les femmes instruites ennuyeuses et froides, il était attiré par les femmes moins instruites, moins responsables et moins respectables que lui. Sa dernière liaison mettait en cause une femme d'un caractère douteux dont les deux amants le passèrent à tabac pour lui faire comprendre qu'il était de trop. C'est alors qu'il vint nous consulter.

Au cours de la première séance de thérapie, Denis résuma ainsi la dynamique non sexuelle qui sous-tendait son comportement: «Lorsque j'ai repris mes sens dans une ruelle obscure, couvert de sang et empestant l'alcool comme un clochard... je ne m'étais jamais senti aussi humilié, aussi bon à rien... J'ai compris soudain que je m'étais toujours acoquiné avec les mauvaises personnes et que j'avais besoin d'aide.»

Le problème de Denis résidait dans sa piètre estime de soi. Ses parents l'avaient poussé à réussir sans tenir compte de ses propres désirs. Il rêvait de travailler comme biologiste à bord d'un navire de recherches océaniques. Son père, un commandant de l'armée de l'air, avait nourri des ambitions plus grandes pour lui, tandis que sa mère, une personnalité en vue dans la haute société, voulait pouvoir vanter son fils devant ses admirateurs.

En thérapie, Denis apprit à accepter et à satisfaire ses besoins, ses désirs et ses ambitions au lieu de répondre aux ambitions de ses parents.

La perversion sexuelle

Il s'agit ici de tout acte sexuel non conventionnel ayant lieu entre des individus bizarres ou pervers. Tout ce qu'une personne considère comme pervers l'est pour elle. Les pervers se servent consciemment du sexe pour confirmer leur piètre estime de soi.

Prenons le cas de Pierre, trente-deux ans, qui vint nous consulter parce qu'il aimait l'humiliation qu'il ressentait lorsque sa femme le fouettait. Il se sentait avili, mais était incapable de se passer de ce comportement. Sa femme en avait assez et elle lui avait conseillé de suivre une thérapie.

Yves, vingt-huit ans, vint nous consulter après que sa femme eut appris qu'il avait pratiqué la fellation avec plusieurs hommes et menacé de le quitter. Yves reconnut qu'il se sentait humilié et abaissé plutôt qu'excité pendant l'acte, mais qu'il était incapable de s'arrêter.

Le problème de ces hommes n'était nullement lié au sexe, mais plutôt à leur piètre image d'eux-mêmes. Le traitement de ce problème comprend deux volets. En premier lieu, le thérapeute doit aider le patient à comprendre les conséquences à long terme de son comportement, en l'occurrence un sentiment de nullité. Ce sentiment doit être séparé du plaisir que le patient retire de l'acte sexuel, même si ce plaisir est mitigé. En second lieu, le thérapeute doit aider le patient à prendre conscience de sa valeur. Pour ce faire, il lui apprend à se concentrer sur ses qualités et à les apprécier.

La promiscuité sexuelle

Lorsqu'on se sent accepté, admiré ou respecté, il est facile de s'estimer et d'être conscient de sa valeur. Certaines personnes se servent du sexe pour se sentir acceptées et admirées. En accordant leurs faveurs, elles espèrent se sentir importantes, utiles et spéciales: elles fondent leur estime de soi sur le sexe. Malheureusement, les sentiments positifs qui découlent de ces rapports ne sont pas durables, car à long terme, ces derniers entraînent plutôt un sentiment de dépression.

Marie-Lou, vingt-deux ans, vint nous consulter parce qu'elle était déprimée depuis plusieurs mois. Elle ne voyait aucune raison de l'être puisqu'elle menait une vie sociale «sensass». Ses week-ends étaient bien remplis car sa grande popularité lui valait d'être invitée à toutes les soirées.
Elle se décrivait comme une femme libérée qui menait une vie sexuelle très active. Il lui arrivait souvent de coucher avec

quelqu'un le premier soir. Elle n'en éprouvait aucune culpabilité et souvent, c'était elle qui prenait les devants. Au cours de la thérapie toutefois, Marie-Lou se rendit compte qu'elle appréciait davantage sa «popularité» que l'acte sexuel lui-même. Elle finit par comprendre qu'elle se servait du sexe pour se valoriser et se sentir utile.

Gâcher son propre plaisir

Les personnes qui ne s'aiment pas gâchent souvent leur propre plaisir. Ce modèle de comportement est courant chez les couples où l'un des partenaires, ou les deux, ne s'aiment pas.

1. Parce qu'ils se sentent coupables, les partenaires soumettent parfois leur plaisir à de trop nombreuses conditions. (Consulter le chapitre qui porte sur le sentiment de culpabilité.) En gros, ils accordent peu d'importance au sexe, qui vient loin derrière les enfants, la pelouse, les travaux ménagers, le travail et la télévision.
   On peut toujours trouver des prétextes pour ne pas s'amuser, mais pas de raisons valables. Si vous aimez vraiment faire l'amour, mais que vous trouvez des prétextes pour l'éviter, posez-vous la question suivante: «Est-ce que je mérite ou non d'avoir du bon temps?» Votre amour de vous-même vous le dira.
2. Certaines personnes gâchent leur plaisir après coup. Une fois l'acte sexuel terminé, elles le passent en revue et y trouvent des défauts: «J'ai eu un bon orgasme, mais il était trop court!» «Les préliminaires étaient fantastiques, mais j'aurais aimé une plus grande stimulation visuelle.» «C'était bien, mais j'ai essayé de me retenir trop longtemps.»

C'est ce qui arrivait à Pierre et Alice. La plupart du temps, le couple prenait son pied, mais après coup, Pierre se lançait dans une analyse détaillée de leurs rapports. Au début,

Alice trouvait Pierre mignon et se disait que la fois suivante serait sans doute meilleure. Or, Pierre, qui recherchait la perfection dans le sexe, demeurait négatif. Il finit par croire qu'il souffrait d'un problème lié au sexe. Alice se sentait coupable et plaignait Pierre. Croyant être la cause de sa déception, elle insista pour qu'ils consultent un spécialiste.

Vos rapports sexuels sont satisfaisants chaque fois que vous vous sentez heureux et comblé. Toute quête de la perfection ne peut que gâcher votre plaisir. En outre, elle révèle un problème lié à l'estime de soi ou à la culpabilité.

3. On peut aussi gâcher son plaisir en *négligeant* de planifier son temps. Par exemple, en faisant l'amour au moment où maman a l'habitude de téléphoner, où les enfants reviennent de l'école, ou juste avant de se précipiter chez le dentiste ou à l'arrêt d'autobus. Curieusement, lorsqu'on demande à ces couples pourquoi ils ne prévoient pas faire l'amour à un moment plus opportun, ils ne manquent jamais de répliquer: «Pourquoi? Et la spontanéité, qu'est-ce que vous en faites? Nous voulons que ce soit naturel!» Mais il n'y a rien de naturel dans un appel téléphonique; de même qu'il est tout naturel de fermer la porte de la chambre à clé pour éviter l'arrivée intempestive des enfants.

Chercher à faire plaisir

Le symptôme le plus courant d'une piètre estime de soi est toujours de chercher à plaire à son partenaire au détriment de son propre plaisir. Certes, cela peut être une source de plaisir additionnel, mais le plaisir de l'autre ne doit pas remplacer le vôtre.

Si la recherche du plaisir de l'autre se fait au détriment de son propre plaisir, on tirera un plaisir minime de l'acte sexuel attribuable, en grande partie, à la satisfaction d'avoir bien travaillé et non à la libération de ses tensions sexuelles. Les personnes qui agissent ainsi accordent beaucoup d'importance à leur performance. Leur plaisir dépend du degré de satisfaction de leur partenaire. Autrement dit, celui qui cherche à faire plaisir se sert du sexe pour se valoriser, gagner l'admiration de l'autre, se sentir important, compétent et utile.

L'estime de soi et la culpabilité

L'estime de soi et la culpabilité sont étroitement liées: les personnes qui ne s'aiment pas éprouvent souvent un violent sentiment de culpabilité. C'est pourquoi un comportement sexuel donné peut être motivé par l'un ou l'autre sentiment. Une personne peut faire l'amour avec des partenaires peu attirants parce qu'elle ne croit pas mériter mieux ou qu'elle se sent coupable («Je fais quelque chose de mal; je dois donc être puni en risquant d'attraper une maladie», etc.). De même, un couple peut gâcher son plaisir parce qu'il se sent coupable ou ne croit pas mériter le plaisir.

Comment déterminer quel motif principal entre en jeu? Prenons le cas d'une personne qui se sent coupable. Elle se dit: «Je suis mauvaise, parce que je fais une chose méchante.» Pendant l'enfance, cette personne a reçu des messages négatifs sur le sexe et des messages neutres ou positifs sur la compétence et la valeur personnelle. On traite cette personne en l'aidant à examiner et à restructurer ses attitudes et ses croyances concernant le sexe.

La situation est différente lorsque le peu d'estime de soi de la personne influe sur ses relations sexuelles. Cette personne dit en fait: «Je ne mérite pas d'avoir du plaisir.» Enfant, elle a reçu des messages négatifs concernant la compétence ou la valeur personnelle tandis que le sexe lui était présenté sous un jour neutre ou positif. On traiterait cette personne en l'aidant à prendre conscience de son image d'elle-même et de sa valeur.

Bien sûr, certaines personnes ont reçu des messages négatifs dans ces deux domaines. Les personnes qui souffrent à la fois d'une piètre estime de soi et d'un sentiment de culpabilité présentent des cas plus complexes dont nous discuterons dans le prochain chapitre. En leur faisant prendre conscience de ces messages inconscients, nous aidons les personnes et les couples à comprendre les modèles qui régissent leur vie sexuelle. L'annexe I comprend une discussion plus détaillée des multiples motifs qui sous-tendent parfois les relations sexuelles de certaines personnes.

Les personnes qui n'ont pas appris dans l'enfance à apprécier leur valeur personnelle doivent continuer à mériter leur estime de soi lorsqu'elles deviennent adultes. Lorsqu'elles sont jeunes, elles le font en s'efforçant de plaire aux autres. Ce modèle se poursuit à l'âge adulte. La chambre à coucher constitue un autre endroit où elles peuvent se sentir mieux ou affirmer leur valeur. Le cycle n'est rompu que lorsqu'elles apprennent à s'aimer indépendamment du sexe.

* * *

Les personnes qui ont appris à considérer le sexe comme «sale» ou honteux devraient lire les suggestions contenues dans le chapitre sur la culpabilité. Celles qui ne s'aiment pas doivent clarifier leurs préférences, leurs désirs et leurs besoins. Avant tout, elles doivent sentir qu'elles méritent le plaisir et la satisfaction. Il est parfois difficile d'apprendre tout cela après avoir passé des années à chercher à plaire aux autres. Les activités ci-dessous peuvent être utiles à ceux qui ne s'aiment pas.

Clarifier ses préférences et ses besoins

- Les partenaires sont tour à tour actifs et passifs. Même s'il meurt d'envie de bouger, le partenaire passif doit se contenter de rester étendu, d'apprécier et d'exprimer au moyen de paroles, de gémissements, de grognements, de sourires, etc. le plaisir que lui procurent les gestes de l'autre. Appréciez le fait qu'on cherche à vous faire plaisir. Concentrez-vous strictement sur le plaisir que vous ressentez. Si vous commencez à vous soucier de votre partenaire et que cela vous distrait, rappelez-vous simplement que ce sera son tour après. Inversez les rôles.

- Discutez avec votre partenaire de la difficulté ou de la facilité que vous éprouvez à jouer chaque rôle. Soulignez avec force commentaires positifs les gestes que vous avez aimés afin d'encourager votre partenaire à les répéter à l'avenir.

- Jouez tour à tour les rôles de roi et de reine d'un soir. Un jour, la reine décide qui fait quoi à qui; le lendemain, c'est au tour du roi de décider. Ce jeu vous apprendra à vous affirmer et à prendre la responsabilité de ce que vous aimez et voulez.

- Consultez les suggestions contenues à la fin du chapitre sur la réparation des torts.

Apprendre à s'aimer

- Discutez avec vous-même de votre droit à vous amuser et à recevoir du plaisir. Chaque fois que vous en doutez, rappelez-vous tout ce que vous faites pour votre partenaire. Ne soyez pas timide: comptez toutes les petites attentions que vous avez pour lui. Elles s'accumulent et chacune d'elles a son importance.

- Dressez une liste de toutes vos qualités (au lit et en dehors du lit). Appréciez chacune d'elles et complimentez-vous généreusement. Rappelez-vous que vous êtes unique au monde.

- Décrivez comment chacune de ces qualités vous rend la vie plus amusante et procure des joies additionnelles à ceux que vous aimez. Rappelez-vous que vous êtes unique et que vous produisez un effet unique sur les autres.

- Demandez à votre partenaire d'établir une liste de vos qualités et de préciser en quoi elles lui rendent la vie plus facile, plus agréable et plus satisfaisante.

- Relisez ces listes aussi souvent que possible. Laissez-en les différents éléments vous pénétrer et savourez chacun d'eux.
- Apprenez à accepter ce que vous êtes et cessez de viser la perfection.

9

Le sexe pour se déculpabiliser

Vive l'amour libre! libre! libre!

Le sentiment de culpabilité est ce sentiment inconfortable et torturant que l'on éprouve lorsqu'on a mal agi. On peut se sentir coupable de tout et de rien, y compris du sexe. Rien ne peut gâcher le plaisir sexuel aussi rapidement ni aussi complètement qu'un sentiment de culpabilité. Mais d'où vient ce sentiment?

Ce sont nos croyances culturelles et les attitudes de nos parents qui façonnent nos sentiments à l'égard du sexe. Dès notre naissance, nous recevons des messages contradictoires concernant ce qui est bien et ce qui est mal: «Il n'y a rien de honteux dans ton corps, mais défense de le regarder, d'y toucher, d'en jouir.» «Le sexe est merveilleux, mais ce n'est pas bien d'avoir des rapports avant le mariage. Une fois marié, il devient un devoir sacré.» En vertu de toutes ces contradictions, personne ne peut s'empêcher tout à fait d'éprouver un certain sentiment de culpabilité par rapport au sexe. Voilà pourquoi il est important de comprendre comment ce sentiment influe sur notre comportement sexuel.

Le sentiment de culpabilité prend deux formes: on se sent coupable de *ne pas* avoir des relations sexuelles ou d'en avoir. Les célibataires et les gens mariés peuvent être victimes de la seconde forme, tandis que la première touche plutôt les couples formés. Ces deux formes de culpabilité sont étonnamment répandues et contribuent à diminuer le plaisir sexuel des couples. Commençons par examiner la première: se sentir coupable de ne pas avoir de relations sexuelles.

Se sentir coupable de ne pas avoir de relations sexuelles

Il n'y a pas lieu de se sentir coupable de ne pas faire l'amour, mais nous éprouvons souvent ce sentiment pour deux raisons. Premièrement, on nous enseigne que le sexe est un devoir conjugal et que s'en abstenir serait se dérober à ce devoir. Deuxièmement, nous nous sentons souvent responsables du plaisir sexuel de notre partenaire et si nous ne faisons pas l'amour aussi souvent qu'il le désire, nous éprouvons un sentiment d'incapacité. Par ailleurs, si nous nous montrons plus passionnés que notre conjoint, nous avons l'impression d'être trop exigeants. D'une manière ou de l'autre, nous nous sentons coupables.

Presque tout le monde éprouve ces sentiments à l'occasion. Des accès intermittents de culpabilité sont ennuyeux mais leur effet sur notre plaisir sexuel est temporaire. Accompli par devoir, l'acte sexuel perd beaucoup de sa saveur. On peut résoudre ce problème en discutant de ses sentiments avec son conjoint.

Lorsqu'il existe un grand écart entre le désir sexuel des partenaires, le sentiment de culpabilité est plus dommageable. Le partenaire le moins sexuel se sent incapable et réagit de l'une des deux façons suivantes. Première réaction: il devient obsédé par son incapacité sexuelle et cherche à éviter le sexe le plus possible. Il se sent angoissé pendant l'acte sexuel et se concentre sur sa performance et sur le plaisir de son partenaire. Il doute de sa capacité de le satisfaire ou espère qu'il aura son compte et se tiendra tranquille pendant un moment. Dans ces conditions, le sexe lui procure un plaisir minimal. Son intérêt va en décroissant tandis que son sentiment d'incapacité sexuelle s'accentue.

Quant au partenaire plus actif, il voit son désir sexuel et son insatisfaction augmenter et peut chercher à combler ses besoins à l'extérieur ou à exiger des rapports plus fréquents à la maison. Éventuellement, il se sent coupable de ses aventures ou de ses exigences.

Seconde réaction: le partenaire le moins ardent augmente son activité sexuelle afin de plaire au partenaire plus sexuel. Il accepte d'avoir des rapports sexuels même s'il n'en éprouve pas le désir. De nouveau, le sexe devient une corvée plutôt qu'un délice. Personne ne peut avoir des rapports sexuels fréquents dans le seul but de plaire à l'autre sans finir par ressentir de la jalousie et du ressentiment. Il est tout à fait naturel d'envier le partenaire qui éprouve toujours un plus grand plaisir sexuel que soi. Le conjoint le moins passionné finit par se sentir utilisé et n'apprécie pas d'être au service de l'autre.

Comment résoudre son sentiment de culpabilité

Lorsque des sentiments occasionnels de culpabilité ou d'incompétence entrent en jeu, mieux vaut les affronter toutes affaires cessantes et sans détours. Discutez-en ouvertement avec votre partenaire. En règle générale, il suffira de montrer que vous appuyez et comprenez votre partenaire en lui disant quelque chose comme: «Je ne suis pas exactement dévoré par la passion, mais je serai heureux de te satisfaire.» Il est plus facile d'aider son partenaire à trouver du plaisir dans une atmosphère de compréhension.

Bien des couples signalent que des rapports sexuels au départ orientés vers le simple désir de plaire à l'autre se sont éventuellement changés en une expérience excitante et satisfaisante. Pour cela, il est essentiel que les partenaires s'encouragent mutuellement. Le partenaire plus sexuel doit être prêt à «travailler» plus fort afin de stimuler l'autre. En retour, le partenaire moins ardent doit montrer qu'il apprécie ces efforts. Dans une telle atmosphère d'entraide, il est plus facile d'allumer l'étincelle de la passion réciproque. En outre, il est bon de considérer l'excitation de son partenaire comme un hommage à son propre charme sexuel.

Lorsque l'écart entre le désir des partenaires est très prononcé, les conseils ci-dessous peuvent être utiles:

- Rappelez-vous que chaque partenaire a la responsabilité de son plaisir sexuel. Cependant, comme le plaisir de l'un influence celui de l'autre, cela devient un souci mutuel.
- Cherchez ensemble des manières de rendre vos rapports sexuels plus agréables. Plus le partenaire le moins ardent prendra plaisir aux rapports sexuels, plus l'intérêt et l'enthousiasme du couple s'accroîtront. Une personne sexuellement comblée se sentira compétente et sera plus portée sur le sexe. Il est tout à fait naturel d'accomplir le plus souvent possible les activités qu'on aime et pour lesquelles on se sent doué.
- Le partenaire passif ne sait peut-être simplement pas ce qui lui plaît. Expérimentez.
- Le partenaire plus actif ne se sent peut-être pas comblé en raison du peu d'enthousiasme de son conjoint. Cela peut être la seule raison de l'écart qui existe entre vous deux. Il est important de discuter de ces sentiments ouvertement et en toute honnêteté.

Se sentir coupable d'avoir des relations sexuelles

Nous avons tendance à croire que seuls les célibataires se sentent coupables d'avoir des relations sexuelles. Or, ce sentiment est étonnamment répandu chez les couples mariés. Dans notre culture, la plupart d'entre nous ont été conditionnés à croire que les rapports sexuels avant le mariage sont sales et immoraux. Nous assumons qu'aussitôt mariés, les gens cesseront automatiquement de se sentir coupables face au sexe. Pourtant, il n'en est rien.

Ces voix du passé, nous les faisons nôtres. Nous assimilons les principes que d'autres nous ont imposés et les remplaçons par ces restrictions de notre crû touchant le plaisir sexuel. C'est pourquoi les partenaires, mariés ou non, qui commencent à avoir des rapports sexuels se sentent coupables. Heureusement, ce sentiment n'est pas très prononcé chez la plupart des couples. Mais il n'en existe pas moins et contribue à réduire leur plaisir sexuel.

Le problème est plus grave chez les personnes affligées d'un fort sentiment de culpabilité qui sont en outre très dépendantes. Elles n'ont pas des rapports sexuels aussi souvent qu'elles le voudraient et n'y prennent aucun plaisir. Les thérapeutes les considèrent généralement comme des personnes «moralement inhibées» et leur prescrivent le traitement décrit ci-dessous.

Le thérapeute demande au couple de cesser tout rapport sexuel, puis il lui accorde peu à peu certaines permissions: se tenir les mains, s'embrasser, se caresser et enfin, faire l'amour. Cette méthode est fondée sur la présomption selon laquelle le couple doit s'habituer au sexe petit à petit afin que sa conscience ne se révolte pas contre l'«autorité du médecin».

Bien qu'elle soit efficace dans bien des cas, nous croyons que cette thérapie ne fait que perpétuer un modèle de mésadaptation. En fait, les motifs qui se cachent derrière le comportement sexuel des partenaires ne sont pas liés au sexe. Ceux-ci apprennent à s'aimer eux-mêmes en sacrifiant le sexe afin de préserver ou d'accroître leur valeur personnelle ou de plaire aux autres. Ils se disent: «Si je n'ai pas de rapports sexuels, maman, papa ou même Dieu croira que je suis merveilleux.» Ou encore: «Je fais moins souvent l'amour que les autres, donc je suis plus disciplinée.»

Le principal problème ici est lié à la dépendance de la personne que vient renforcer sa piètre estime d'elle-même. Ces personnes absorbent et acceptent tout ce qu'on leur dit. Elles ne sont pas portées à analyser ni à décortiquer les propos des autres, ni à formuler leurs propres jugements. En gros, elles se fient aux autres pour décider à leur place, leur dicter leurs attitudes et leur accorder certaines permissions. La technique de thérapie décrite ci-dessus perpétue ce modèle de comportement alors qu'elle devrait aider le couple à se pencher sur son manque sous-jacent d'estime personnelle, sur sa dépendance ainsi que sur ses attitudes envers le sexe.

En résumé, les personnes «moralement inhibées» évitent les rapports sexuels afin de se valoriser à leurs propres yeux ou aux yeux des autres ou de Dieu. Elles craignent de perdre leur approbation et de se mépriser elles-mêmes si elles font l'amour, et cette peur les empêche de jouir du sexe. La thérapie conventionnelle peut être efficace en apprenant à ces couples à tirer un certain plaisir du sexe, mais la thérapie non axée sur le sexe entraînera des changements renversants dans la relation des partenaires et dans leur adaptation globale. Prenons, par exemple, le cas suivant.

M. O. avait cinquante-trois ans lorsqu'il fut hospitalisé. Il souffrait de dépression chronique depuis la fin de son adolescence. Le sexe n'avait aucune importance à ses yeux parce qu'il n'en tirait aucun plaisir. Aux dires de sa femme, les époux n'avaient pas eu de rapports sexuels depuis vingt ans. Mme O. ne partageait pas l'attitude de son mari qu'elle avait conduit chez une multitude de médecins depuis dix ans. À l'une des cliniques matrimoniales, on lui avait dit: «Compte tenu de l'âge de votre mari et du fait qu'il n'a pas eu de rapports sexuels depuis longtemps, il est peu probable que nous puissions faire quelque chose.» C'est alors que M. O. s'était mis à brûler des feux rouges et à avoir des crises de larmes. De désespoir, sa femme l'avait fait hospitaliser.

Lorsqu'il fut moins déprimé, nous commençâmes à travailler avec M. O. Nous conclûmes qu'il avait toujours compté sur l'approbation de ses parents pour tout, le sexe y compris. Plutôt que d'essayer les techniques conventionnelles, nous décidâmes de faire revivre son père. Nous demandâmes à M. O. de se quereller avec lui à propos de tout et de rien; la question du sexe vint enfin sur le tapis. À un moment donné, M. O. cria:

«J'en ai marre de t'écouter et de t'obéir simplement parce que tu haïssais les femmes et le sexe et Dieu sait quoi... En fait, tu détestes tout et tout le monde... J'aurai des rapports sexuels si je le veux!»

Cette discussion marqua un point tournant pour M. O. qui commença à passer les week-ends chez lui. Quelques semaines plus tard, Mme O. nous déclara: «Ce n'est plus le même homme. Il m'a apporté des fleurs l'autre jour. Il sourit et... eh bien, nous n'avons plus ce problème-là, vous savez.»

Nous suivîmes le couple de près pendant six mois. Sa vie était totalement transformée. M. O. échangea son emploi contre un autre plus rémunérateur. Le vieil homme apathique, dépendant et passif était devenu un être humain vibrant et indépendant qui découvrait sa sexualité à l'âge de cinquante-trois ans.

Nous ne donnâmes aux époux aucune directive autre que «Faites à votre guise» en ce qui concernait le sexe. M. O. était responsable du reste. Il devait briser son modèle de dépendance et commencer à prendre ses propres décisions à propos de tout, y compris du sexe. Un thérapeute traditionnel aurait peut-être corrigé son problème lié au sexe, bien que nous en doutions. Après tout, les sexologues lui avaient laissé peu d'espoir.

Le cas de M. O. était plutôt grave, mais il illustre comment on peut aider même les cas «désespérés.» Il démontre aussi l'importance de chercher au-delà du «problème lié au sexe». Bien que le sentiment de culpabilité ne soit pas aussi profond chez la plupart des gens, il n'en est pas moins présent et contribue à réduire leur plaisir sexuel.

La compulsion de répétition

Un sentiment profond de culpabilité peut aussi créer une compulsion pour le sexe. Nous l'appelons «compulsion de répétition» du nom que lui donna Theodore Reich. En gros, elle consiste à répéter l'acte qui entraîne un grave sentiment de culpabilité dans le but d'atténuer ce sentiment. En d'autres mots, on essaie de se convaincre qu'un acte est acceptable en le réitérant.

Voici la dynamique de cette attitude. Vous avez des rapports sexuels et vous éprouvez un plaisir immédiat. Puis, peu à peu, un sentiment de culpabilité vous envahit. Vous recommencez afin de retrouver les délicieuses impressions du début et d'éviter de vous sentir coupable. Pour ne pas voir que vous commettez un acte qui va à l'encontre de votre éducation, vous restez concentré sur votre plaisir immédiat. C'est comme si vous essayiez de vous convaincre qu'un acte agréable ne peut pas être mauvais.

La compulsion de répétition possède trois caractéristiques. En premier lieu, elle entraîne un accroissement du désir sexuel. La personne veut faire l'amour plus longtemps et plus souvent. En deuxième lieu, malgré la fréquence et la durée des rapports, celle-ci en tire une satisfaction minime et éprouve un désir inassouvissable. En troisième lieu, elle ne se rend pas compte du fait que c'est son sentiment de culpabilité qui la pousse vers le sexe. Elle est vaguement consciente d'un certain manque, mais en général, elle a l'impression de s'amuser et attend chaque rapport avec impatience. En fait, ces personnes sont toujours concentrées sur la fois suivante, ce qui empêche leur sentiment de culpabilité de faire surface. Tant qu'elles n'affrontent ni ne résolvent ce sentiment, la compulsion de répétition continue de dominer leurs rapports sexuels.

* * *

Les victimes les plus courantes de la «compulsion de répétition» sont des personnes qui:

- ne voient que les effets immédiats de leur comportement;
- adoptent les principes d'autrui sans réfléchir à leurs propres valeurs morales ou spirituelles;

- se sont sans doute vu imposer des principes rigides par leurs parents. Le sentiment de culpabilité qu'elles éprouvent en ne respectant pas leurs normes exceptionnellement élevées est à l'origine de leur compulsion.

Cette forme de culpabilité liée au sexe est un peu complexe et ne peut être résolue qu'en remplaçant les interdits sexuels précoces inculqués par les parents par des valeurs plus sensées et plus réalistes. Voici quelques conseils utiles:

- Réfléchissez à propos du sexe: quelle sorte de messages négatifs avez-vous reçus de vos parents? Examinez-les et décidez s'ils sont réalistes. Puis discutez avec ces voix du passé en opposant une attitude positive à chaque attitude négative et recommencez jusqu'à ce que vous ayez l'impression d'avoir chassé les intrus de votre chambre à coucher.
- Sur une feuille de papier, inscrivez à gauche toutes les pensées négatives qui vous viennent sur le sexe et à droite, opposez à chacune d'elles plusieurs pensées positives. Continuez jusqu'à ce que vous ayez épuisé toutes vos pensées négatives.
- Faites-vous l'avocat du diable. Le partenaire le plus inhibé décrit une attitude négative à l'égard du sexe. L'autre partenaire en démontre l'irrationalité. Puis, inversez les rôles. Soyez assez convaincant pour convertir votre partenaire.
- Laissez libre cours à vos fantasmes sexuels. Pensez à ce que vous aimeriez secrètement faire, mais êtes trop timide pour mentionner. Rappelez-vous que vous et votre partenaire avez parfaitement le droit d'apprécier vos fantasmes. Soyez catégorique! Si des pensées négatives viennent vous embêter, arrêtez chacune d'elle par une affirmation voulant que le sexe soit bon et sain. Faites valoir votre droit inné au plaisir.
- Pensez à des principes condamnant le sexe, puis poussez-les à l'extrême en disant: «Le sexe est sale»;

«Seuls les rustres s'envoient en l'air»; «Tu devrais même avoir honte de songer à l'acte sexuel»; «Tes mains devraient tomber parce que tu t'es touché»; «Tu mérites d'être puni»; «Tu mérites d'aller en enfer.» Le ridicule de votre attitude négative finira par vous sauter aux yeux.

Il est évident qu'un sentiment de culpabilité peut s'immiscer dans notre vie sexuelle par plusieurs portes. En fait, rares sont les personnes dans notre culture qui parviennent à l'âge adulte sans se sentir coupables d'une façon ou d'une autre. Se débarrasser de ce sentiment exige une réflexion et des efforts considérables. Nous devons nous pencher sur les messages reçus dans l'enfance et sur ceux que véhiculent notre société à l'heure actuelle. Nous devons les évaluer objectivement, juger s'ils sont appropriés et rejeter ceux qui gâchent notre plaisir sexuel. C'est alors seulement que nous pourrons vraiment jouir du sexe sans nous sentir coupables.

10

Le sexe pour décharger
son agressivité

J'aurai ta peau!

La plupart du temps, le sexe sert à donner et à recevoir du plaisir. Toutefois, on s'en sert parfois pour faire souffrir, humilier et punir l'autre. Dans le présent chapitre, nous nous pencherons sur les diverses façons d'utiliser le sexe pour exprimer certaines de ces pulsions agressives.

Masquer sa colère

La colère est une émotion difficile à exprimer. Il ne nous est pas toujours possible de l'exprimer au moment où nous la ressentons, pas plus que nous ne pouvons la diriger vers la personne qui en est la source, un parent, notre patron ou un ami cher que nous ne voulons pas blesser. Toutefois, nos sentiments négatifs ne disparaissent pas. En effet, toute colère réprimée cherche à s'exprimer de sorte qu'elle surgit souvent à des moments inopportuns et est souvent dirigée vers la mauvaise personne. Supposons que votre patron vous crie après. De retour chez vous, vous criez après votre conjoint, qui crie après votre enfant qui donne un coup de pied au chien qui déchire le journal. Voilà un phénomène courant que la plupart d'entre nous ont appris à tolérer.

Certaines personnes s'empêchent d'exprimer toute forme de colère parce qu'elles ont appris que cela n'était pas bien. Elles la refoulent, tout simplement. Or, cette colère réprimée s'accumule et finit par déborder. Ces personnes sont irritables et abruptes, mais jamais ouvertement fâchées. Elles semblent incapables de maîtriser leur brusquerie et, de fait, elles ne le peuvent pas. Leur colère refoulée cherche une porte de sortie et la chambre à coucher n'échappe pas à ses manifestations. En fait, certains comportements sexuels représentent des stimuli idéals pour déclencher la colère réprimée (mordre, pincer, etc.; voir le tableau de la page 179).

Les personnes qui se servent du sexe pour exprimer leur colère sont généralement considérées comme des amants rudes, sauvages ou excessivement passionnés. Souvent, elles déploient une activité frénétique et exigent de longues périodes de rapports sexuels rudes et actifs. En général, lorsque leurs partenaires se plaignent de leurs excès, elles prennent une attitude défensive: «Tu es simplement trop délicate!»; «Je ne peux pas m'en empêcher. Je me laisse emporter, pas toi?»

Souvent les partenaires-victimes acceptent le blâme et apprennent à tolérer la brusquerie de l'autre. C'est malheureux, car en agissant ainsi ils payent de leur propre plaisir sexuel. Il est difficile de trouver du plaisir aux rapports sexuels quand on est maltraité. En outre, en permettant de tels excès à son partenaire, on ne fait que l'encourager à libérer sa colère accumulée à travers le sexe.

Comment savoir si son partenaire se sert du sexe pour exprimer sa colère? Si, après les rapports sexuels, vous avez l'impression d'avoir été malmené ou maltraité, il y a de bonnes chances pour que votre amoureux se soit laissé emporter par la passion de la colère et non par celle du sexe ou de l'amour.

Que peut faire l'amoureux en colère? Proposez-lui les activités suivantes:

- Écrivez «Je suis fâché parce que...» et complétez la phrase spontanément. Recommencez chaque fois que vous éprouvez des sentiments de colère non dirigés.

Après avoir terminé une phrase, vous pouvez soit décrire vos sentiments de colère en détail, soit frapper un oreiller en criant vos griefs. Plus vous criez et frappez fort, mieux c'est. Essayez de crier: «Je suis fâché parce que... et je ne me laisserai plus faire!»

- Asseyez-vous dans une pièce tranquille et imaginez qu'un coffre rempli de votre colère se trouve à l'autre bout de la pièce. Les choses qui vous mettent en colère possèdent toutes une personnalité propre. Sortez-les du coffre une à une et présentez-vous. Faites connaissance. Parlez de vos sentiments en long et en large. Devenez amis, mais dites à votre colère que désormais, c'est vous le maître; vous êtes disposé à la reconnaître, à l'accepter et à lui accorder son dû, mais uniquement d'une manière constructive et non sexuelle.

- Consultez un thérapeute. Il est probable que vous n'aimez pas la vie en général et n'appréciez pas totalement le fait d'être en vie.

La colère envers son partenaire

Dans toute relation, un des partenaires fait inévitablement des choses qui ennuient l'autre et le mettent en colère. Il est primordial de savoir où va cette colère. Si elle est réprimée, elle couve et peut diminuer sérieusement le plaisir sexuel du couple.

En général, les émotions négatives s'insinuent dans la chambre à coucher de quatre façons différentes.

Éviter les rapports sexuels

Il est évident qu'on peut éviter les rapports sexuels par colère: difficile, en effet, de vouloir procurer du plaisir à une personne qui a provoqué notre colère. Mieux vaut, dans ce cas, discuter du problème et résoudre le problème. Vous pouvez alors décider si vous voulez faire l'amour, et la colère ne viendra pas gâcher votre plaisir.

Toutefois, on n'est pas toujours conscient du lien qui existe entre la colère et le fait de fuir le sexe. La colère refoulée se cache souvent derrière une migraine, une douleur lombaire ou une humeur pas très romantique. Les personnes qui refoulent leur colère sont les plus enclines à tomber dans cette catégorie. Elles éprouvent une certaine suffisance et se sentent justifiées d'éviter les relations sexuelles. Elles peuvent même accueillir avec joie leur malaise psychosomatique. Leur attitude traduit la pensée: «Bien fait pour toi!»

Cette stratégie est vraiment infructueuse. Les personnes en colère connaissent une double souffrance: la première ayant trait à la blessure initiale et la seconde, à la privation de plaisir sexuel. La privation volontaire et répétée de relations sexuelles révèle un problème plus grave.

Les exigences exagérées

Celles-ci masquent, elles aussi, des sentiments de colère. Elles peuvent prendre la forme de relations ou de postures excentriques que le partenaire-victime trouvera répugnantes. Si on désire quelque chose que son partenaire trouve désagréable, il faut en discuter avec lui et l'initier progressivement. C'est une chose de demander, c'en est une autre d'exiger. Cela fait toute la différence de prendre en considération les sentiments de son partenaire.

Voici d'autres formes courantes de manque de considération découlant de la colère: pénétrer sa partenaire trop tôt, demander à être pénétrée avant que son partenaire n'ait atteint une érection complète, liquider l'acte sexuel, laisser son partenaire en plan, se montrer excessivement brusque, poursuivre la pénétration alors que sa partenaire n'est plus lubrifiée et dénigrer la performance de l'autre.

Il peut nous arriver d'agir parfois ainsi et il n'y a pas lieu de s'en inquiéter. C'est le manque constant d'égards envers son partenaire qui est l'indice de sentiments de colère irrésolus.

La perte d'intérêt

La colère pousse parfois un des partenaires à séduire l'autre puis à se défiler. Philippe et Jacinthe vinrent nous consulter précisément pour cette raison. Jacinthe avait l'habitude d'amorcer des rapports sexuels lorsqu'il était impossible de les mener à bien. Le matin, elle tentait d'aguicher Philippe alors qu'ils se préparaient en hâte à aller travailler. Les soirs où Philippe rapportait du travail à la maison, elle portait ses dessous les plus affriolants. Pourtant, lorsqu'ils auraient eu amplement le temps de faire l'amour, elle s'absorbait dans sa lecture. Ni l'un ni l'autre ne pouvait expliquer son comportement. Lorsqu'il leur arrivait d'avoir des relations sexuelles, ils en tiraient un grand plaisir.

Il ressortit que Jacinthe en voulait à Philippe parce qu'il s'attendait à ce qu'elle travaille tout en tenant impeccablement la maison. Sa propre colère ne lui paraissait pas justifiée puisque Philippe avait un horaire de travail plus chargé que le sien, mais cela n'y changeait rien. Après qu'elle eut expliqué les causes de son attitude, le couple décida d'engager une aide à temps partiel et leur vie sexuelle redevint normale.

Impuissance et frigidité

Bien des thérapeutes sont d'avis que la colère et le ressentiment peuvent être à l'origine de l'impuissance et de la frigidité. Nous croyons, nous aussi, qu'ils sont l'indice de sentiments de colère ou de ressentiment réprimés. Lorsqu'on est en colère, il est difficile de jouir du sexe et encore plus difficile de contribuer au plaisir de son partenaire. L'impuissance ou la frigidité sont des moyens d'exprimer sa colère en privant son partenaire de plaisir sexuel tout en évitant d'admettre que l'on ressent ce sentiment.

Au début, le partenaire se montre habituellement compréhensif envers celui qui est impuissant ou frigide. C'est à long terme que les choses se gâtent alors que le partenaire non touché finit par perdre patience et par en vouloir à l'autre. La lutte se cristallise alors autour de la responsabilité: on cherche à savoir à qui la faute et on perd contact avec la vraie colère qui n'a rien à voir avec le sexe. Une fois encore, le sexe est au cœur d'un problème non lié au sexe.

Il arrive que la cause du ressentiment ou de la colère semble futile, ridicule ou infantile, comme dans le cas de Johanne. Celle-ci avait eu une vie sexuelle satisfaisante avant son mariage, mais elle était devenue frigide peu après. Son mari et elle aimaient faire l'amour ensemble, et rien dans leurs antécédents ne laissait présager l'origine de leur problème. Toutefois, il était clair, lorsque Johanne parlait de son mari, qu'elle lui en voulait même si son ressentiment semblait sans cause précise.

Johanne finit par en découvrir la source. Avant son mariage, elle avait été le clou des soirées pour célibataires et elle était sortie avec plusieurs hommes importants. Son mariage avait mis fin à ce tourbillon social et elle en voulait à son mari parce qu'elle se sentait moins importante. Lorsqu'elle parvint à résoudre ces sentiments, la vie sexuelle du couple redevint normale.

*   *   *

Les personnes les plus susceptibles de laisser la colère s'infiltrer dans leur chambre à coucher sont celles qui sont incapables de l'exprimer en temps et lieu, qui s'en remettent toujours aux autres, qui n'osent pas s'affirmer et croient qu'il ne faut jamais se fâcher. Tout le monde se met en colère et il est important de résoudre ce sentiment. Il est impossible d'avoir des relations sexuelles satisfaisantes lorsque la colère est tapie derrière la porte de la chambre à coucher.

La meilleure façon d'empêcher la colère de nuire à sa vie sexuelle consiste à affronter ses sentiments négatifs à mesure qu'ils se présentent. Il n'est pas toujours possible de le faire sur-le-champ, mais il est important de discuter du problème et de le résoudre le plus rapidement possible. La colère et le ressentiment ne s'évanouissent jamais comme par magie. Ils refont inévitablement surface et causent des problèmes.

Si vous soupçonnez la colère de se cacher dans votre chambre à coucher, voici ce que vous pouvez faire:

- Dressez une liste de tous les défauts de votre partenaire. Réfléchissez à chacun d'eux et à la colère qu'ils provoquent en vous. Imaginez ce que vous voudriez dire ou faire à leur sujet. Choisissez vos mots, affrontez votre partenaire et discutez-en avec lui. Mettez l'accent sur *vos* sentiments et cherchez des solutions ensemble.
- Tenez une séance de défoulement pendant laquelle chaque partenaire prend deux minutes pour parler sans interruption. Défense de s'injurier. Tenez-vous-en aux faits. Choisissez ensuite un grief que vous trouvez important tous les deux et essayez de le résoudre.
- Faites une bataille d'oreillers. Donnez-vous-y totalement tout en vous exprimant: «Et voici pour la fois où tu as brûlé la moquette avec ton foutu cigare!» «Et voilà pour la fois où tu as brûlé le dîner!»
- Enfermez-vous à clé dans une pièce *autre* que la chambre à coucher puisque vous ne voulez pas vous conditionner à y exprimer votre colère. À tue-tête, criez tous vos griefs concernant votre mariage. Choisissez un moment où vous êtes seul à la maison.
- Essayez les suggestions présentées à la fin du prochain chapitre.

Il se peut que vous laissiez la colère influencer votre vie sexuelle en ayant des liaisons pour vous venger où en privant

votre partenaire de certaines faveurs sexuelles. Ces stratagèmes se retournent souvent contre leur auteur et créent de
nouveaux problèmes comme nous le verrons au chapitre suivant.

11

Le sexe pour
se venger

Tu vas me le payer au lit!

Mme G. ne savait plus à quel saint se vouer. Elle se trouvait dans un magasin lorsqu'elle éprouva l'envie irrésistible d'avoir des relations sexuelles avec le commis, un parfait étranger. Son seul moyen d'y échapper fut de quitter le magasin au beau milieu d'un achat. Elle avait connu cette situation auparavant, mais elle s'inquiétait surtout du fait qu'elle était mariée depuis tout juste un an lorsque tout avait commencé.

Lorsque Mme G. vint nous consulter, elle était tout à fait désillusionnée par son mariage. En effet, après la cérémonie, son mari avait changé du tout au tout, devenant froid et cruel et l'insultant souvent avec ses sarcasmes ou ses farces. Plutôt que de la soutenir, ses amis et sa famille alléguaient simplement que personne n'est parfait.

Elle se sentait prise au piège, impuissante et très en colère. Toute tentative de raisonner son mari ne faisait qu'accentuer ses railleries. Mme G. ne pouvait pas se résoudre à rompre une union aussi jeune. Elle était même tourmentée par la pensée qu'elle était coupable ou qu'elle méritait un tel traitement, sentiments que ses récentes poussées de désir semblaient confirmer.

Au cours de la thérapie, Mme G. comprit enfin qu'elle éprouvait ces «envies sexuelles» irrésistibles parce qu'elle était en colère contre son mari et qu'elle voulait le blesser. Elle était incapable de se faire entendre de lui ni verbalement ni émotionnellement. Or, son mari était du type jaloux et elle savait qu'elle pouvait l'anéantir totalement en faisant l'amour avec un autre homme.

Si Mme G. avait cédé à ses envies, elle se serait servi du sexe pour se venger de son mari. À notre avis, ces relations n'auraient été ni agréables ni satisfaisantes. Le sexe-vengeance l'est rarement. Dans la plupart des cas, il se retourne contre son auteur ou multiplie les problèmes. Toutefois, nombre de personnes se servent du sexe pour se venger de leur partenaire; il existe deux types fondamentaux de vengeance: la vengeance active et la vengeance passive.

La vengeance active

On appelle vengeance active le fait d'agir directement pour se venger d'une blessure passée. Les liaisons vengeresses représentent une façon pour le partenaire blessé de satisfaire son besoin de se venger mais elles sont rarement agréables.

Les partenaires qui cherchent à se venger sont habituellement pressés et très en colère, et leur choix d'un nouvel amoureux laisse habituellement fort à désirer. Souvent, ils se sentent maltraités ou utilisés dans ces amours hâtives, ce qui ne fait qu'accentuer leur souffrance. Même lorsque leur nouvelle liaison est satisfaisante, la culpabilité finit par les envahir et leur estime personnelle tombe à zéro.

À la fin, le partenaire vengeur tourne sa colère à la fois contre lui-même et contre son conjoint, ce qui ne lui laisse personne pour l'appuyer et le comprendre.

Les liaisons vengeresses sont à déconseiller pour plusieurs raisons. En premier lieu, le partenaire qui, le premier, a eu une aventure n'accepte jamais la passade vengeresse de son conjoint, arguant que «ce n'est pas parce que j'ai fait l'imbécile que j'avais raison». En deuxième lieu, il est toujours plus difficile de guérir une double blessure qu'une seule.

En troisième lieu, la plupart des couples regrettent ces aventures qui finissent par leur sembler de mauvais goût et infantiles.

C'est ce qui arriva à Monique et à Laurence. Ce dernier avait passé une nuit avec une étrangère rencontrée au cours d'un déplacement pour affaires. Ce n'était pas son habitude d'agir ainsi, lui qui privilégiait la fidélité et les valeurs traditionnelles. Étouffé par le remords, il finit par avouer son infidélité, demanda pardon et jura qu'il ne recommencerait jamais. Monique était anéantie.

Cet incident mit brutalement fin à leur vie sexuelle. Monique ne voulait pas faire l'amour avec un homme en qui elle n'avait plus confiance. «En fait, déclara-t-elle par après, je le méprisais et le détestais profondément. Je ne comprenais pas qu'il ait agi ainsi alors que nous avions si souvent discuté de l'importance des valeurs traditionnelles dans notre mariage. Et ne pensez pas que les occasions m'ont manqué, poursuivit-elle. J'ai eu des tentations dans le passé, mais j'ai résisté parce que j'aimais Laurence.»

Incapable de surmonter sa colère et sa peine, Monique eut une aventure dès que l'occasion s'en présenta. Laurence ne comprit pas sa logique et se retrouva pieds et poings liés: «Après que je me fus humilié, que j'eus quêté son pardon, fait table rase et juré de ne pas récidiver, elle s'est conduite ainsi! Et avec un gueulard du coin par-dessus le marché! Toute la ville en parle!» se plaignit-il.

Monique et Laurence se lancèrent dans une suite de passades vengeresses. Comme l'expliqua Monique: «Pendant un temps, nous avions des relations sexuelles avec tout le monde sauf l'un avec l'autre. Lorsque nos querelles ont abouti à la violence physique, nous avons décidé de nous quitter. Un ami nous a conseillé de voir un thérapeute avant de rompre.»

Il est clair, dans ce cas, que la liaison vengeresse était plus coûteuse que la blessure initiale. Non seulement Monique et Laurence perdirent-ils leur confiance mutuelle, mais ils y laissèrent également leur respect de soi. Ainsi que le ré-

sume Laurence: «J'ai peine à croire que deux personnes civili-
sées qui s'aiment puissent se conduire plus mal que des bêtes
sauvages. Je n'aurais jamais pensé que nous pourrions des-
cendre si bas.» Les aventures vengeresses ne produisent
presque jamais le résultat escompté. Elles ne font que brouil-
ler les cartes et créer de nouveaux problèmes.

Un partenaire blessé peut également chercher à se venger
pendant l'acte sexuel sans que le couple soit conscient de ce
désir. C'est ce qui arriva à France et à Henri. France soutenait
que Henri lui gâchait son plaisir: ou il lui mordait les mamelons trop fort ou il se retirait après l'avoir pénétrée un moment
pour lui prodiguer des caresses buccales. Ces deux comportements éteignaient l'ardeur de France. «Henri a un orgasme et
je suis frustrée», se plaignit-elle. Henri savait sciemment que
France n'aimait pas ces comportements, mais il se laissait
emporter ou oubliait, disait-il. La situation durait depuis six
mois lorsque France finit par refuser de faire l'amour.

Lorsqu'ils abordèrent le problème comme tel, Henri admit
sa grande susceptibilité à l'égard de la taille de son pénis.
France le trouvait correct, mais récemment, histoire de rire,
elle l'avait surnommé «Petit Tom». Henri affirma que cela le
laissait indifférent, mais lorsqu'elle se mit à en rire avec des
tiers, il ne put le supporter. Apparemment, France avait parlé
de ce surnom au cours d'une soirée. Tous blaguaient à propos
de la nuit à venir et elle avait parlé de «prendre soin de Petit
Tom». Tout le monde avait ri, y compris Henri, qui semblait
prendre la blague du bon côté. Leur mésentente sexuelle at-
teignit son paroxysme peu après.

Le commentaire public de France avait profondément blessé Henri qui se rendit compte également qu'il détestait le surnom «Petit Tom». C'est pour se venger de la blessure infligée
à sa virilité qu'il entreprit d'agir comme il le faisait et de gâcher
le plaisir de France. Ce faisant, il se privait lui-même de son
propre plaisir. France accepta de laisser tomber le surnom et
leurs problèmes disparurent.

La vengeance passive

Étonnamment courante, la vengeance passive consiste à priver son partenaire d'un plaisir afin de le punir pour une bêtise mineure. Cette tactique est plutôt inoffensive, un partenaire refusant simplement d'accorder à l'autre les faveurs sexuelles qu'il demande. En gros, ce partenaire exprime ce qui suit: «Comme tu as blessé mes sentiments, je ne te laisserai pas être sur le dessus ce soir»; ou «Je n'en ai pas envie parce que tu m'as crié après et que tu a critiqué ma cuisine». Si le partenaire désireux de punir l'autre exprime ouvertement ses sentiments, le couple peut régler le problème ou le laisser tomber. Mais s'il n'en discute pas, le partenaire «coupable» peut ne jamais deviner qu'il est puni.

C'est exactement ce qui se produisit entre Robert et Élizabeth. Robert nourrissait des attentes inavouées: une maison impeccable, des repas bien apprêtés, etc.; en outre, il s'attendait à ce qu'Élizabeth l'accueille avec enthousiasme le soir et se montre affectueuse et attentionnée sur commande. Si elle manquait à l'une de ces tâches, il la privait de faveurs sexuelles. Or, comme elle ne semblait jamais apprendre, Robert devint perplexe et commença à penser qu'elle était tout simplement têtue et négligée par-dessus le marché.

Un jour qu'il était d'une humeur colérique, Robert s'écria: «Ne veux-tu pas de meilleures relations sexuelles? Même un singe aurait compris maintenant!» Confondue, Élizabeth exigea des explications. Robert lui expliqua alors son système de récompenses et de punitions: comment il refusait de satisfaire ses désirs au lit si elle manquait à ses tâches ménagères. N'en croyant pas ses oreilles, Élizabeth s'écria: «Voilà donc le problème! Et moi qui croyais tout ce temps que tu étais un piètre amant.»

Ce cas illustre à merveille le côté ironique de la vengeance. Elle se retourne contre soi! C'est eux-mêmes que les vengeurs punissent vraiment.

*   *   *

Les personnes incapables d'affronter leurs blessures et d'exprimer ouvertement leur colère sont les plus susceptibles de se venger par le biais du sexe. Blessées, elles refoulent leur colère et boudent plutôt que d'exprimer leurs sentiments et d'en discuter. Tout sentiment de colère refoulé risque de jaillir brusquement sous forme d'une liaison vengeresse ou de tout autre geste destiné à blesser. Ceux qui optent pour la vengeance rendent leur partenaire entièrement responsable de leur colère et de leur peine, ce qui empêche le couple de résoudre les problèmes sous-jacents.

Les personnes concernées peuvent mettre en pratique les suggestions ci-dessous:

• La prochaine fois que votre partenaire heurtera vos sentiments et que vous serez incapable de les exprimer, essayez ceci: imaginez que vous êtes la colère que vous venez de refouler. Songez aux façons dont vous allez sortir et régler vos comptes avec votre partenaire. Soyez précis, donnez-vous à fond et ne soyez pas gêné de la violence de vos désirs, tout le monde en a. Lorsque vous verrez votre colère dans sa totalité, vous pourrez plus facilement en discuter avec votre partenaire.

• Dressez une liste des traits de caractère et des habitudes qui vous dérangent chez votre partenaire. Lorsqu'ils se manifestent, examinez vos sentiments et la manière dont ils influencent votre relation. Discutez-en avec votre partenaire.

• Écrivez «Je suis en colère parce que...» Complétez la phrase aussi rapidement que possible sans réfléchir. Recommencez jusqu'à l'épuisement de toute idée nouvelle. Si vous avez un blanc, inventez. La vérité finira par sortir.

• Lisez les suggestions présentées à la fin du chapitre sur la colère.

12

Le sexe pour apaiser sa jalousie

Qu'est ce qu'il/elle a de plus que moi?

La jalousie est une émotion puissante qui peut conduire à la cruauté, au meurtre et même au suicide. Peut-on alors s'étonner qu'elle puisse aussi nuire au plaisir sexuel du couple et le détruire?

Deux sortes de jalousie peuvent influencer la vie sexuelle d'un couple. Il y a d'abord la jalousie *inter*couple, où un partenaire devient jaloux de l'attention que son partenaire reçoit d'un tiers ou lui donne. (Mentionnons l'exemple courant d'un mari qui envie l'attention que sa femme reçoit de la part d'amis ou de voisins.) C'est ce que la plupart des gens entendent par jalousie. Par ailleurs, nous sommes moins conscients de la jalousie *intra*couple, ainsi nommée parce que sa source et son objet se trouvent *à l'intérieur* de la relation. Voici les deux formes de jalousie les plus courantes au sein d'une relation: 1) la jalousie à l'égard du plaisir sexuel, et 2) la jalousie à l'égard des partenaires précédents. Toutes deux peuvent nuire au plaisir sexuel.

La jalousie intracouple

La jalousie à l'égard du plaisir sexuel

La plupart des couples souffrent de cette forme de jalousie sans même en être conscients. Comment le plaisir sexuel d'un partenaire peut-il créer des problèmes? Ne sommes-nous pas heureux de voir notre partenaire s'amuser? La plupart du temps, nous nous réjouissons du plaisir de ceux que nous aimons. Mais lorsque l'un des partenaires sent que l'autre tire *toujours* un plus grand plaisir de l'acte sexuel, les problèmes surgissent.

Nous voulons tous notre part du gâteau et il est normal d'envier la personne qui semble toujours en toucher une plus grosse part. Le partenaire jaloux finit par se sentir roulé parce que l'autre rafle tous les bénéfices de son «dur labeur».

La jalousie à l'égard du plaisir sexuel de l'autre dérive de la croyance fausse selon laquelle le plaisir existe en quantité limitée. Il n'est pas seulement faux de penser que «si mon partenaire prend plus que la moitié du plaisir, il m'en vole» mais cette pensée empêche le partenaire jaloux de jouir au maximum de l'acte sexuel. En effet, celui-ci consacre trop de temps et d'énergie à se battre pour sa part, se souciant de couper le gâteau plutôt que de profiter du festin. Son plaisir n'en est que davantage diminué.

Cette forme de jalousie est la plupart du temps reliée à l'une des trois situations ci-dessous.

1. *Un partenaire est plus expressif que l'autre.* Au cours de l'acte sexuel, il semble exsuder l'extase. Grognements, grondements et autres expressions de délice abondent. Le partenaire silencieux commence par prendre cela comme un hommage envers ses talents d'amoureux, puis finit par éprouver de la jalousie et du ressentiment.

En fait, il n'y a souvent aucune différence réelle entre le plaisir ressenti par les conjoints; un partenaire est simplement plus expressif que l'autre. Le problème surgit uniquement parce que les partenaires ne discutent pas ouvertement de l'écart supposé entre leur plaisir mutuel. Il arrive que ce manque de communication ait une issue ironique.

Jacques vint nous consulter à l'insu de sa femme pour un problème sexuel grave, selon lui. Il faisait souvent l'amour (au moins trois fois par semaine), mais n'en jouissait pas autant qu'il le «*devrait*». Voici un échange qui eut lieu entre le thérapeute et lui:

> *Thérapeute*: Quel degré de plaisir devriez-vous en tirer?
> *Jacques*: Je l'ignore, mais davantage. Ma femme adore cela. Je voudrais y prendre autant plaisir qu'elle.
> *Thérapeute*: À quel point aime-t-elle cela?
> *Jacques*: Je ne sais pas vraiment. Elle s'amuse sûrement beaucoup.
> *Thérapeute*: Comment le savez-vous?
> *Jacques*: Eh bien, ça saute aux yeux! Vous savez ce que c'est quand quelqu'un aime vraiment cela.
> *Thérapeute*: Non, je l'ignore. Dites-moi... comment le savez-vous?
> *Jacques*: Eh bien... vous savez... elle fait beaucoup de bruit et d'autres choses...
> *Thérapeute*: Continuez.

Jacques semblait parler d'une femme très expressive qui appréciait le sexe et y prenait plaisir. Nous lui proposâmes de venir avec sa femme à la séance suivante. Nous fîmes alors une découverte étonnante et plutôt ironique.

> *Thérapeute*: Pouvez-vous dire à votre femme ce que ces sons signifient pour vous?
> *Jacques*: Ouais. Tu es au septième ciel. Inondée de plaisir.
> *Thérapeute*: Pouvez-vous parlez plus précisément de vos sentiments à vous?
> *Jacques*: Eh bien, je veux m'amuser autant que toi. J'ai l'impression que tu prends plus de plaisir que moi à nos rapports.
> *Thérapeute*: Cela vous étonne, Mireille?
> *Mireille*: Et comment! Les sons m'aident à avoir du plaisir, certes, mais... il ne s'agit pas de cela. Je veux dire... la première fois que j'ai émis des sons, Jacques est venu vers moi comme un tigre en chaleur. Il adorait cela. Du moins, je le croyais, à en juger par sa réaction. Merde! Je mettais le

paquet parce que je croyais que cela le stimulait. Comme c'est gênant!

2. *Un des partenaires est trop timide.* La jalousie sexuelle survient également lorsqu'un partenaire n'exprime pas ses désirs et cherche à rendre l'acte sexuel plus intéressant ou stimulant. Nombre de personnes timides acceptent les choses telles qu'elles sont. Elles ont peu d'attentes, et celles-ci sont aisément comblées: «Du sexe satisfaisant, rien à vous couper le souffle.» En examinant de près leur comportement sexuel, on découvre qu'elles demandent rarement des faveurs spéciales.

Ces personnes n'ont sans doute aucune idée de ce qui pourrait rendre l'acte sexuel plus excitant. Elles vivent sans jamais douter de leur vie sexuelle ou de leur degré de plaisir. En général, le plaisir en apparence intense de leur partenaire leur met la puce à l'oreille et elles finissent par éprouver de la jalousie et du ressentiment. Malheureusement, ces personnes timorées répugnent habituellement à discuter de leurs sentiments et peuvent même se condamner d'avoir de telles pensées.

C'est ce qui arriva à Marie-Anne, une personne de nature passive. Elle était persuadée qu'elle avait un problème lié au sexe parce que Jean, son mari, éprouvait un plaisir sexuel beaucoup plus intense qu'elle. Comme nous l'aidions à examiner sa vie sexuelle, trois éléments nous sautèrent aux yeux: premièrement, Marie-Anne laissait à son mari le contrôle total de leur vie sexuelle, ne formulant jamais de suggestions ou ne demandant rien d'autre que la position du «missionnaire»; deuxièmement, elle croyait que la passivité était l'apanage des femmes; et troisièmement, que le sexe était plus agréable pour les hommes que pour les femmes.

Marie-Anne était consciente de sa jalousie envers son mari et elle jugeait qu'elle se comportait en enfant gâtée. Résultat: elle appréciait encore moins les rapports sexuels et les fuyait afin de ne pas sentir sa jalousie. Dès qu'elle adopta une attitude plus saine, elle s'affirma davantage. Sa vie sexuelle se transforma radicalement et elle ne se sentit plus jalouse ni enfant gâtée.

3. *Inégalité du désir sexuel.* Les partenaires doués d'un appétit sexuel différent sont plus susceptibles d'être jaloux. Le partenaire le moins ardent devient jaloux du plaisir évident de son partenaire. Des commentaires du style «Tu ne penses qu'à ça!», «T'es-tu jamais demandé ce qui clochait chez toi pour que tu sois si porté sur la chose?» ou «Tu as trop d'hormones!» sont un indice de jalousie sous-jacente.

L'appétit sexuel varie selon les individus et il arrive que deux personnes très différentes sur ce plan engagent une relation. Cet écart peut être véritablement biologique (ces cas sont rares et doivent être soignés médicalement) ou il peut résulter de l'ingérence de motifs non liés au sexe dans la vie sexuelle du couple.

Il faut examiner les faux écarts du point de vue tant du partenaire actif que du partenaire passif puisque des motifs non liés au sexe peuvent jouer dans les deux cas. Par exemple, le partenaire plus passionné peut essayer de plaire, de rehausser son estime de soi et ainsi de suite, tandis que le partenaire passif peut manquer de confiance en lui, avoir refoulé sa colère ou souffrir de troubles similaires.

Il faut aussi prendre en considération un troisième élément: certaines personnes peu sexuelles ne savent simplement pas ce qu'elles veulent et n'ont jamais exploré ce qui les excite. Lorsqu'elles découvrent leurs préférences et leurs aptitudes à cet égard, leur appétit sexuel grandit comme par miracle. C'est ce qui arriva à Régine.

Régine se croyait affligée d'un sérieux problème lié au sexe. Après un an de mariage, son désir s'était «évanoui». Elle expliqua que son mari voulait faire l'amour «beaucoup plus souvent» qu'elle. Elle avoua aimer le sexe, mais sans plus, affirmant que «les choses ne s'amélioraient pas». Le dialogue ci-dessous contribua à mettre son problème au jour.

Thérapeute: Les rapports sexuels sont-ils agréables ou désagréables pour vous?

Régine: Ils sont corrects.

Thérapeute: Mais ils ne s'améliorent pas?

Régine: Non... mais ils le devraient, n'est-ce pas?

Thérapeute: Qu'avez-vous fait pour qu'ils s'améliorent?

Régine (perplexe): Que voulez-vous dire? Suis-je censée faire quelque chose de spécial? Je croyais que plus on avait de relations sexuelles, plus elles s'amélioraient ou quelque chose du genre, non?

Thérapeute: Pratiquez-vous un sport ou jouez-vous d'un instrument de musique?

Régine (encore plus perplexe): Oui, mais qu'est-ce que cela a à voir avec le sexe?

Thérapeute: Eh bien...

Régine (dégoûtée): Je pratique le tennis et je joue du piano.

Thérapeute: Excellez-vous dans l'une ou l'autre de ces activités?

Régine: Je le crois. Au tennis, on me demande souvent comme partenaire, alors je crois que je joue bien. Et mon mari aime m'entendre jouer du piano. En fait, il veut m'en acheter un. Alors... j'imagine que je suis plutôt douée. (Ennuyée) Je ne vois vraiment pas ce que cela a à voir avec mon problème.

Thérapeute: Comment êtes-vous devenue aussi bonne?

Régine: À quoi? Au tennis?

Thérapeute: Oui, commençons par le tennis.

Régine: Je joue souvent et j'ai pris quelques leçons. En fait, je joue chaque fois que j'en ai l'occasion.

Thérapeute: Bien. Et le piano?

Régine: La même chose, j'imagine. J'ai beaucoup pratiqué dans ma jeunesse. (Souriant) Ma mère m'y obligeait. Mais en grandissant, j'ai appris à mieux jouer et je l'apprécie encore davantage. Maintenant, j'aime m'amuser et essayer de nouveaux morceaux.

Thérapeute: Donc, cela vous a demandé beaucoup de travail et d'efforts pour devenir vraiment bonne et pour en tirer autant de plaisir?

Régine: Certainement. N'en est-il pas ainsi pour toute chose?

Thérapeute: Absolument. Le sexe devrait-il faire exception?

Régine (confondue): Le sexe? Travailler le sexe? Vous voulez rire. Je croyais qu'il était tout naturel de faire l'amour.

Régine apprit ainsi que les rapports sexuels ne s'amélioraient pas automatiquement. Il faut de la pratique pour exceller dans tous les domaines. Le sexe n'échappe pas à cette règle. Pourtant, tout le monde pense qu'il le devrait. C'est cette attitude qui se cache derrière la plupart des petits appétits sexuels: «Je devrais pouvoir simplement me laisser aller et m'amuser.» Mais quelqu'un qui n'explore pas, n'expérimente pas, ni ne pratique, rate l'occasion de découvrir les mille et un petits plaisirs qui conduisent à l'extase.

La jalousie à l'égard des partenaires précédents

La jalousie à l'égard des partenaires précédents est particulièrement répandue chez les couples remariés ou dont un des partenaires a déjà eu des relations sexuelles. Les partenaires les moins expérimentés sont souvent jaloux de ces liaisons antérieures et leur insécurité les porte à croire qu'ils ne sont pas aussi doués au lit que leur partenaire plus dégourdi. Les hommes semblent plus enclins à souffrir de cette forme de jalousie, en vertu peut-être de la double norme voulant que les femmes soient pures et chastes.

Affronter cette jalousie peut entraîner des effets très positifs. Après une recherche intérieure approfondie, Patricia décrivit merveilleusement son sentiment:

«Je sentais que j'étais passée à côté d'une partie importante de son évolution, de sa première période d'apprentissage, au moment où il commençait à se découvrir lui-même, et à découvrir sa virilité, son corps. J'aurais voulu y être pour partager son expérience, la nourrir, l'encourager, l'apprécier. J'ai l'impression d'avoir manqué une expérience charmante, magnifique avec lui et oui, j'envie celles qui ont eu la chance d'y participer. J'aurais aimé être là et pourtant je sais que cette expérience devait se produire avant notre rencontre, sinon il n'y aurait pas eu de «nous». Notre relation ne serait pas ce qu'elle est; or, je ne la changerais pas pour tout l'or du monde.»

*   *   *

Comment affronter la jalousie intracouple?

- Soyez persuadé qu'il y a toujours assez de plaisir pour tout le monde, que le plaisir est illimité.
- Au lieu de vous inquiéter du degré de plaisir de votre partenaire, cherchez des moyens d'augmenter le vôtre. Demandez-vous ce que vous pouvez faire pour rendre le sexe plus intéressant et plus satisfaisant. Si vous êtes à court d'idées, demandez à votre partenaire d'en suggérer.
- N'oubliez pas que le plaisir n'est pas une voie à sens unique: plus vous en donnez, plus vous en obtenez et vice versa. Il n'y a aucune limite au degré de plaisir que peut apporter le sexe.
- Si vous vous sentez lésé côté plaisir, demandez à votre partenaire (insistez, s'il le faut) une séance entièrement consacrée à la satisfaction de vos propres fantasmes; vous décidez qui fait quoi ou ce que voulez qu'on vous fasse. Commentez en détail le degré de plaisir que vous a procuré l'expérience et la compétence avec laquelle votre partenaire a satisfait vos désirs.

La jalousie intercouple

La plupart d'entre nous apprécient l'attention qu'ils reçoivent de leur partenaire et se sentent menacés lorsqu'ils doivent concurrencer avec des tiers pour l'obtenir. On peut être jaloux d'autres personnes, d'objets (photographies, magazines), d'un travail ou d'un passe-temps. La jalousie est une réaction naturelle face à ces intrusions.

Il est bon d'exprimer ouvertement ces sentiments et d'en discuter avec son partenaire. Si nous les nions (même à nous-mêmes), ils peuvent avoir un effet dévastateur sur notre vie sexuelle.

Être jaloux d'autres personnes

Il y a deux manières de réagir face à la jalousie intercouple: refuser de faire l'amour par colère, ou chercher à apaiser son insécurité en exigeant des rapports sexuels plus fréquents. C'est cette seconde solution que choisit Michel. Marié à une très jolie femme plus jeune que lui, Céline, il se sentait très inquiet lorsqu'un autre homme lui témoignait de l'intérêt. À la première occasion, il devenait très affectueux et la séduisait, puis sollicitait des éloges sur sa performance. Au début, Céline ne fit pas le lien entre sa jalousie et ses prouesses sexuelles. Elle le trouvait mignon et appréciait les efforts herculéens qu'il déployait pour la satisfaire sexuellement.

Un jour, Michel piqua une violente colère lorsqu'il apprit que Céline avait déjeuné avec des collègues du bureau, parmi lesquels se trouvaient plusieurs hommes. Il lui enjoignit de déjeuner avec d'autres collègues ou de sauter le déjeuner, puis lui sourit et l'attira au lit.

Lorsque nous lui demandâmes pourquoi il venait nous consulter, il répondit: «Elle m'a alors tendu mon manteau et m'a prié de partir ou de suivre une thérapie. Comme je l'aime et que je veux la garder, je suis venu vous voir.»

Heureusement, Céline comprit la nature grave de la jalousie de Michel et refusa de se soumettre à ses exigences. Elle s'épargna une relation malheureuse tout en aidant son mari.

La jalousie envers des objets inanimés

On peut aussi exprimer sa jalousie en refusant les rapports sexuels, comme le firent Claire et Benoît. Ce dernier aimait lire le magazine *Playboy*; or cela dérangeait Claire qui refusait de faire l'amour chaque fois qu'elle le surprenait en train de lire ce magazine. «Je refuse de le laisser prendre son pied avec moi. Laissons à celles qui ont commencé le travail le soin de le finir», raisonnait-elle.

Au début, Benoît riait sous cape de la réaction de Claire, mais il comprit bientôt la gravité de ses sentiments. Elle se refusait à lui même s'il se contentait de lire l'interview du mois. Il décida donc d'entrer dans le jeu. Il lui affirma qu'il renonçait désormais à son magazine favori qu'il se mit à lire en cachette. Le couple vint nous consulter après que Claire eut découvert une pile de magazines qu'elle brûla en même temps que la moquette du sous-sol, dans un accès de rage.

Ces deux réactions de jalousie — refus du sexe de Claire ou insistance à faire l'amour de Michel — sont puériles et aggravent le problème plutôt que de le résoudre.

La jalousie envers le travail ou le passe-temps de son partenaire

Autrefois, il n'y avait que les femmes qui devenaient jalouse du travail ou du passe-temps de leur conjoint. Les hommes susceptibles de tomber dans le panneau gardaient simplement leur femme à la maison avec les enfants. Mais les temps ont changé et de nombreux hommes éprouvent aujourd'hui de tels sentiments de jalousie.

Le partenaire jaloux du travail de l'autre exige une attention croissante. Le sexe sert souvent d'appât en raison de son attrait et de son pouvoir universels. Comme le disait si bien un client: «Si le sexe ne marche pas, rien d'autre ne marchera!» Toutefois, le sexe n'est pas un appât efficace. Le partenaire négligé se sent poussé à rendre le sexe vraiment extraordinaire alors que son conjoint est préoccupé par son travail ou son passe-temps. Ni l'un ni l'autre ne sont détendus; ils sont incapables de se concentrer sur le sexe et ne tirent que peu de plaisir de leurs rapports.

Malheureusement, d'autres facteurs viennent compliquer davantage cette situation. En effet, c'est vers le milieu de sa vie que l'on se soucie le plus de sa carrière, au moment où l'on connaît une baisse du désir sexuel. Et qui plus est, l'âge moyen est souvent une période de réévaluation et de réadaptation qui apporte une certain degré d'insécurité. Cette crise ne peut que renforcer la tension d'une relation sexuelle insatisfaisante. Personne ne peut apprécier le sexe tout en étant jaloux de la carrière de l'autre, en subissant une baisse de libido et en traversant une crise.

* * *

Les problèmes liés à la jalousie ne sont pas faciles à résoudre. Mieux vaut prévenir que guérir, et la meilleure prévention consiste à être averti et préparé:

- Diversifiez vos intérêts de manière à ne pas dépendre entièrement de votre partenaire pour vous divertir. Les personnes dépendantes sont plus enclines à souffrir de jalousie intense.
- Cultivez vos propres amitiés de manière à ne pas compter uniquement sur votre partenaire pour la camaraderie.
- Avec votre partenaire, trouvez des moyens de mener une vie plus intéressante en tant que couple. Quels intérêts communs pouvez-vous développer et cultiver?

- Prévoyez ensemble les périodes difficiles. Chacun demande à l'autre comment il compte mener sa carrière, affronter sa jalousie, et ainsi de suite.
- Continuez à apprendre de nouvelles choses et à exploiter vos talents. Rappelez-vous que la meilleure façon d'attirer l'attention de son partenaire est d'être une personne intéressante. Menez une vie riche et bien remplie. Partagez vos expériences. Voilà ce qui nourrit l'intérêt mutuel des partenaires.

13

Le sexe pour chasser l'ennui

Rien de bon à télé, aussi bien faire l'amour!

Mme P. décida de suivre une thérapie parce que son mariage l'avait désillusionnée. Son mari était un vrai trésor: gentil, plein d'attentions, intelligent, ouvert. Le problème, c'est que Mme P. s'ennuyait à mourir. En effet, M. P. ne pensait qu'au sexe. Il n'avait aucun autre passe-temps ou passion. Comme l'expliqua Mme P.: «Oh, c'est un amant merveilleux. Mais il ne pense qu'à ça. Il accepte de sortir lorsque je le lui propose. Par exemple, il veut bien aller au cinéma, mais le film lui importe peu. Si je lui demande ce qu'il veut faire, il me répond toujours: «Baiser!» J'aime faire l'amour, mais il y a sûrement autre chose dans la vie!»

Mme P. avait tout à fait raison. Personne ne devrait investir tout son temps ou son énergie dans le sexe. Il faut diversifier ses intérêts car le sexe ne pourra jamais combler les lacunes d'une vie.

Lorsque M. P. vint nous voir pour discuter de son mariage, il fut surpris de constater que sa vie sexuelle avait un lien quelconque avec son absence de passe-temps. Le thérapeute l'encouragea à exploiter des intérêts extérieurs. À sa grande surprise, ses relations sexuelles s'améliorèrent. Comme il le résuma si bien: «Maintenant que j'ai d'autres intérêts dans la vie, je n'ai plus besoin de faire tant d'efforts au lit. Je peux vraiment me détendre et apprécier le sexe.»

Des efforts, voilà exactement ce que M. P. faisait. Afin d'éviter l'ennui, il faisait du sexe une véritable superproduction, veillant aux moindres détails: la musique, l'ambiance, l'éclairage, etc. En outre, chaque séance amoureuse devait égaler au moins la précédente. Comme il l'affirma en thérapie: «Lorsqu'on n'a que le sexe, il faut que ça soit au poil.»

Le problème n'est pas aussi grave pour la plupart des gens. Ils font l'amour simplement parce qu'ils n'ont rien de mieux à faire. Ils ne recherchent pas activement le sexe, mais c'est leur dernier choix, à défaut de mieux. Faut-il s'étonner que le sexe devienne ennuyeux, lorsqu'on ne s'y intéresse pas vraiment au départ? Les personnes qui utilisent le sexe ainsi n'ont pas cultivé d'autres intérêts de sorte qu'elles n'ont pas d'autre choix que de se mettre au lit.

Lucien et Marion avaient des rapports sexuels à une fréquence raisonnable. Tout deux les appréciaient, mais éprouvaient un sentiment de manque à cet égard. Après presque trois ans de mariage, ils étaient un peu désillusionnés par le sexe. Nous comprîmes que le couple menait une vie plutôt ennuyeuse. À l'exception de quelques activités sportives, ils n'avaient aucun passe-temps, aucun intérêt.

Thérapeute: Que faites-vous habituellement? Décrivez-moi une journée typique, après le travail.
Lucien: Nous nous détendons, nous mangeons (il regarde Marion). Parfois, nous lisons le journal. (Hausse les épaules et sollicite l'aide de sa femme.) Quoi d'autre?
Marion: Nous regardons la télévision lorsqu'il y a une émission intéressante, mais c'est rare.
Lucien: Il nous arrive de jouer au volleyball ou au baseball. Nous faisons partie d'une équipe sportive au travail.
Thérapeute: Bravo! Jouez-vous souvent?
Lucien: Chaque fois que nous sommes assez nombreux et que le temps le permet. Ce n'est pas très souvent. J'aimerais jouer davantage.

Marion: Ouais, moi aussi. J'aime être active. En outre, cela nous occupe.

Thérapeute: Que faites-vous à part cela? (Lucien et Marion se regardent et ne répondent pas; le thérapeute les regarde.) Eh bien? Avec une vie aussi remplie, quand diable trouvez-vous le temps de faire l'amour? (Tous deux se mettent à rire, puis Marion parle.)

Marion: Ah... lorsqu'il n'y a rien d'intéressant à la télé, que nous ne faisons pas de sport et... lorsque nous n'avons plus rien à nous dire, eh bien... nous nous retrouvons au lit.

Thérapeute (en exagérant): Sensas! Voilà tous les éléments nécessaires pour une bonne partie de fesses!

Lucien: Vous vous moquez de nous? Si c'était encore plus ennuyeux, nous tomberions endormis au beau milieu...

Marion: Ouais! C'est ce qui nous amène. Nos rapports sexuels manquent d'enthousiasme. Ils sont ennuyeux avant même de commencer.

Thérapeute: Vous avez mis le doigt dessus. Vous vous ennuyez avant de faire l'amour.

Lucien et Marion: Et après?

Thérapeute: Si vous regardez la télévision parce que vous vous emmerdez, que se passe-t-il? Si vous jouez au baseball à défaut d'autre chose, allez-vous vous y donner à fond? Vous amuserez-vous?

Lucien: Bien sûr que non! Mais le sexe, c'est autre chose. C'est censé être amusant.

Thérapeute: Écoutez! Quand est-ce agréable de regarder la télé? Lorsqu'il y a une émission que vous voulez vraiment regarder. Quand vous amusez-vous le plus au baseball? Quand vous voulez vraiment jouer. Quand une activité est-elle marrante? Quand on veut vraiment s'y consacrer! Pourquoi en serait-il autrement du sexe? Si vous voulez vraiment faire l'amour, le sexe sera vraiment excitant. Si vous faites l'amour par ennui, cela ne peut pas être aussi rigolo. En fait, vous vous servez du sexe pour dissiper votre ennui et non parce que vous l'appréciez. Vous faites l'amour faute de mieux alors dans ce cas,

qu'attendez-vous du sexe?   Une performance olympique?
Marion: Que pouvons-nous faire?

Nous demandâmes au couple d'oublier le sexe, ou du
moins, de ne pas le considérer comme un problème, puis de
s'efforcer de trouver chacun un intérêt personnel, puis un intérêt commun.

Entre-temps, les partenaires voyaient le thérapeute
toutes les deux ou trois semaines afin de discuter de leurs
progrès et des problèmes liés à l'exploitation de leurs intérêts.
Au bout d'environ six mois, tous deux se rendirent compte
qu'un changement énorme s'était produit en eux. Ils faisaient
l'amour plus souvent et appréciaient davantage le sexe.
Comme l'affirma Marion: «Nous faisons l'amour quand cela
nous tente, et sapristi! cela nous tente souvent!»

Cet exemple reflète une de nos croyances fondamentales
en ce qui touche le sexe, notamment qu'une vie sexuelle saine
et intéressante découle d'un intérêt sain envers la vie et envers l'autre. Plus les intérêts des partenaires sont diversifiés,
plus ils ont d'occasions d'interagir à des niveaux différents.
L'étincelle de la passion a amplement l'occasion de s'allumer
et suffisamment de combustible pour rester vivante.

Il y a un dicton qui dit: «Si vous voulez que quelque chose
soit fait, demandez à une personne occupée.»   En d'autres
mots, les personnes occupées ont de nombreux intérêts et
prennent plaisir à beaucoup de choses, de sorte qu'elles ont
toujours le temps de se charger d'un projet supplémentaire.
Cela vaut aussi pour le sexe. Les personnes qui mènent une
vie bien remplie et intéressante trouvent amplement le temps
et les occasions d'avoir des rapports sexuels intéressants.
Elles sont bien trop occupées pour tenter d'échapper à l'ennui
à travers le sexe. Le sexe est plutôt une source de plaisir
qu'elles recherchent activement. Elles trouvent le temps de
faire l'amour et ne s'attendent pas à ce que le sexe remplisse
le vide de leur temps libre.

La peur de l'ennui

Nous voulons tous être des partenaires sexuels habiles et intéressants. En fait, bien des gens craignent que leur conjoint ne se lasse d'eux sur le plan sexuel, et cette crainte peut influencer leur comportement. Certaines personnes limitent leurs rapports sexuels sous prétexte qu'il ne faut pas abuser des bonnes choses, que le plaisir risque de s'user et qu'elles ne veulent pas se lasser du sexe. Comme l'affirmait une personne: «Mon morceau de musique favori reste mon préféré parce que je ne l'écoute pas trop souvent.»

Les victimes de cette philosophie ne se rendent pas compte que le fait même de limiter leurs rapports amoureux est un facteur d'ennui. En agissant ainsi, elles réduisent les occasions d'explorer de nouveaux aspects du plaisir sexuel et d'élargir leurs horizons.

Le sexe n'est pas une denrée susceptible de s'user ou de s'épuiser. Il comporte au contraire un nombre infini de facettes à explorer (voir le chapitre 22). Les partenaires qui ne font pas l'amour régulièrement ne peuvent pas apprécier la gamme complète des réactions sexuelles, les milliers de nuances, d'associations et de sensations qui forment la richesse de la sexualité humaine. Autrement dit, ils se lassent du sexe lorsqu'ils font l'amour de façon routinière et superficielle sans explorer ni se servir de leur imagination. Ce sont des partenaires sexuels rigides et il est probable que leur attitude se reflète dans les autres aspects de leur vie.

Les liaisons dues à l'ennui

Il faut aussi mentionner les personnes qui, fatiguées de leur relation sexuelle du moment, cherchent un divertissement extra-conjugal. Certes une aventure peut éclairer une vie ennuyeuse, mais pourquoi une personne s'ennuie-t-elle de prime abord?

Toute vie sexuelle statique cache des problèmes non liés au sexe qui font qu'une personne s'ennuie et recherche les aventures amoureuses. Une fois ses besoins non liés au sexe résolus, elle se désintéresse de sa liaison.

La dynamique des liaisons dues à l'ennui peut être assez compliquée, comme on le verra dans le cas de Denise et de Bertrand. Ceux-ci entreprirent une thérapie dans l'espoir de sauver leur mariage. En effet, Bertrand avait découvert que Denise entretenait une liaison avec Marcel, un collègue, qu'il trouvait «idiot». Au cours de la thérapie, Denise admit que le sexe avec Bertrand, trop rigide et trop sérieux, l'ennuyait. Elle voulait seulement s'amuser et Marcel, avec ses incessantes pitreries au lit comme ailleurs, comblait ce désir.

Dès le début, Denise avait hésité à discuter du problème avec Bertrand parce qu'elle doutait d'elle-même. Grâce à sa liaison, elle espérait se prouver qu'elle était encore attirante. En parlant, elle découvrit également qu'elle craignait d'expérimenter parce qu'elle «ignorait où cela la mènerait». En fait, elle craignait d'explorer sa sexualité et ces deux craintes l'avaient poussée à s'éprendre d'un homme superficiel et puéril.

Bertrand, pour sa part, nourrissait bon nombre de préjugés sur le sexe. Il croyait que le sexe était une «affaire sérieuse» parce qu'il «tient les couples ensemble... et distingue les hommes des garçons». Il ajouta: «Un homme doit prendre en considération chacun des besoins d'une femme.» Pas étonnant qu'il fût incapable de se détendre et de s'amuser au lit! Une fois ces questions débattues et résolues, Denise et Bertrand se redécouvrirent mutuellement au lit et il ne fut plus question d'aventures amoureuses ni pour l'un ni pour l'autre.

Il n'y a rien de mal à faire l'amour quand on s'ennuie en autant que cela reste occasionnel. C'est un fait que le sexe peut alléger temporairement le cafard. Malheureusement, cela peut facilement devenir une habitude qui, à long terme, émousse le plaisir sexuel et empêche les partenaires d'explorer d'autres intérêts et talents. En d'autres mots, menez une vie riche et bien remplie et votre vie sexuelle s'en ressentira.

Les suggestions proposées à la page 117 sont valables dans ce cas-ci.

14

Le sexe pour dominer

Si tu ne fais pas ce que je te demande, ne compte pas sur moi pour faire l'amour!

L'idée de dominer et de manipuler des tiers n'est pas nouvelle. Le chantage, l'espionnage commercial, les complots internationaux sont là pour le prouver. Dans les relations intimes, bien des personnes se servent du sexe pour dominer subtilement leur partenaire.

On appelle «comportement cible» le comportement, pas toujours précis, qu'un partenaire cherche à contrôler chez l'autre. Son but est d'empêcher tout changement dans la relation afin de limiter la croissance et l'indépendance de l'autre. Ce partenaire souffre d'un profond manque de sécurité et de maturité, et il considère le changement ou la croissance chez l'autre comme une menace. Toute tentative de s'écarter de la «mentalité de couple» est découragée et étouffée.

Il est facile de tomber dans le piège de se servir du sexe pour remettre son partenaire «égaré» sur le droit chemin, ainsi que le découvrirent Paul et Anne. Paul occupait un poste de subalterne au travail. Sur le plan social, il avait peu d'amis et se sentait mal à l'aise en groupe. Il ne dominait jamais la situation. Il épousa Anne, une femme calme et conventionnelle, et son foyer devint son château. Anne, du moins au début, se réjouissait de laisser Paul décider de tout.

Occasionnellement, elle exprimait le désir de faire partie d'une association, de suivre des cours, de travailler à temps partiel ou d'acquérir une certaine indépendance. Mais Paul paniquait à cette perspective car il craignait de perdre Anne, la seule chose dans la vie qu'il dominait. Il réagissait donc en l'entraînant dans la chambre à coucher afin de la séduire et de l'empêcher de mettre ses projets à exécution.

Ce comportement dura environ huit mois au bout desquels Anne commença à voir clair dans le stratagème de son mari. Elle décrivit ainsi le comportement de ce dernier: «Chaque fois que j'ai prévu une sortie ou une activité, Paul revient à la maison avec un vin capiteux, des fleurs ou une réservation dans un restaurant chic, feignant d'avoir oublié mon rendez-vous. D'autres fois, il devient méchant et soutient que je gâche notre vie sexuelle. Si je reste à la maison, je n'ai pas de plaisir à faire l'amour, je me sens traitée avec condescendance. En revanche, si je sors quand même, je me sens coupable toute la soirée.»

Au cours de la thérapie, Paul résolut sa peur de voir Anne changer et il chercha de nouvelles façons de reprendre sa vie en main. Si le couple n'avait pas cherché l'aide d'un thérapeute, Paul serait encore le mari craintif et dominateur qu'il était et Anne serait devenue une ménagère frustrée et dénuée d'intérêts, de talents ou d'assurance. En outre, si leur relation avait mal tourné plus tard, Anne se serait sans doute retrouvée dans une situation sociale et économique déplorable.

Dans l'exemple ci-dessus, Paul cherchait à dominer Anne par le biais du sexe, mais celle-ci refusait de se laisser faire. Trop souvent les partenaires renforcent leur dépendance mutuelle et étouffent toute croissance individuelle au moyen de stratagèmes subtils. Ils sont tout à fait inconscients des conséquences de leur comportement.

Ces couples ont l'impression de bâtir une relation intime solide. Les partenaires agissent comme une seule personne plutôt que comme deux individus possédant des identités distinctes. Ils possèdent les mêmes amis, les mêmes intérêts, les mêmes opinions et les mêmes croyances. Au cours des soirées, ils se comportent comme une seule entité, s'embrassant et se faisant de fréquents clins d'œil, et demeurent littéralement accrochés l'un à l'autre. Tels des jumeaux, ils semblent inséparables et font souvent l'envie des couples moins unis.

En fait, les partenaires «jumeaux» souffrent d'une profonde insécurité. En s'accrochant l'un à l'autre, ils cherchent à accaparer leur attention mutuelle. Ce comportement romantique en public constitue un piège à caractère sexuel puisque les partenaires se rappellent constamment l'un à l'autre: «Je suis prêt quand tu le voudras.» Ce puissant appât ne laisse aucune place à d'autres intérêts puisque chaque partenaire monopolise l'attention de l'autre.

Souvent, ces couples demeurent au même stade d'évolution pendant plusieurs années. Les conjoints se sentent profondément amoureux et trouvent leur relation tout simplement merveilleuse. En fait, elle est statique car aucun des partenaires ne grandit. À mesure que s'émousse le caractère romantique de la relation, les conflits se multiplient et l'«unité» se détériore rapidement. La nouvelle de la séparation du couple ne manque jamais d'étonner leurs amis.

Clément et Maude formaient un couple de ce genre-là. Avant de se marier, ils se tenaient par la main dans les soirées et faisaient l'envie de tous. Après le mariage, ils devinrent littéralement inséparables. Dans les soirées, ils ne se quittaient que pour aller chercher des boissons ou aller aux toilettes, et toujours avec un clin d'œil ou un baiser. Ils étaient la coqueluche de leurs amis qui leur prêtaient une vie sexuelle passionnée et les croyaient incapables de vivre l'un sans l'autre.

Cela dura quatre ans, et la nouvelle de leur séparation ébahit leurs amis. Au mieux, la relation et la vie sexuelle de Clément et de Maude étaient médiocres. Leur comportement romantique et le charme sexuel puissant qu'ils semblaient exercer constamment l'un sur l'autre étaient rarement authentiques. Ces tactiques servaient simplement à monopoliser l'attention de l'autre et contenaient le message implicite suivant: «Ne cherche pas ailleurs. Je suis là pour satisfaire tous tes besoins.» Les partenaires réussissent ainsi à s'empêcher de grandir, se servant du sexe pour étouffer toute individualité et toute indépendance.

Le comportement cible précis

Dans les deux derniers exemples, les partenaires renforçaient leur dépendance mutuelle au moyen du sexe. Or, celui-ci est souvent utilisé pour maîtriser un comportement cible plus précis, comme c'était le cas pour Suzanne et Julien. Celui-ci, sans être un buveur invétéré, aimait prendre un verre après le travail. Suzanne lui en voulait de dépenser de l'argent en alcool, surtout lorsqu'il payait pour tous ses amis. Elle ne tolérait pas ce comportement tout en répugnant à mettre le sujet sur le tapis. Lorsqu'elle y fit vaguement allusion, Julien l'invita à se joindre à lui. Cela lui plairait vraiment, affirma-t-il.

Ce n'est pas cette réponse qu'attendait Suzanne. En fait, elle souhaitait voir Julien rentrer directement à la maison. Inconsciemment, elle commença à tenter de maîtriser son comportement par le biais du sexe. Lorsque Julien revenait du bar et lui faisait des mamours, elle demeurait de glace; par contre, s'il rentrait directement, elle l'entraînait dans des ébats passionnés.

Après plusieurs mois, Julien finit par comprendre ce modèle de comportement. Il se sentit manipulé, ignorant si la passion amoureuse de Suzanne était sincère. Comme il en doutait, il commença à éviter les rapports sexuels et traîna plus longtemps au bar.

Suzanne perdit ainsi son outil de domination et en retour, se mit à douter de l'amour de Julien. C'est à ce moment que le thérapeute les aida tous deux à voir que Suzanne se servait du sexe pour dominer Julien. Ils discutèrent de son malaise face au comportement de Julien et trouvèrent un compromis acceptable pour tous deux.

D'une certaine façon, Suzanne essayait de faire un échange avec son mari. Elle était prête à lui accorder ses faveurs sexuelles s'il rentrait directement à la maison. Or, ce contrat n'avait jamais été discuté ouvertement ni accepté mutuellement. Mentionnons toutefois que certains couples négocient leurs rapports sexuels ouvertement et avec succès, comme nous le verrons dans les pages suivantes.

Le sexe comme outil de négociation

Aucune des deux formes de négociation dont il sera question ici n'est dommageable en soi, mais toutes deux peuvent créer des problèmes. La première forme est la plus bénigne: l'échange de faveurs sexuelles.

L'échange de faveurs sexuelles

Plutôt courant, cet échange prend souvent la forme suivante: «Je te ferai ceci si tu me fais cela», ou «Faisons-le à ma façon maintenant; la prochaine fois nous le ferons à ta façon.» Bien des couples se plaisent à négocier leurs faveurs, et cette habitude, loin d'être malsaine, peut même renforcer une relation. Toutefois, si la négociation est motivée par des besoins non liés au sexe, elle diminue le plaisir sexuel. De même, la négociation secrète est une source de problèmes, comme le démontre le cas d'Alain et de Mireille.

Comme Alain n'osait pas exprimer ses désirs, il se contentait de satisfaire ceux de sa femme, espérant qu'elle saisirait l'allusion et lui rendrait la pareille. Or, les choses se passaient rarement ainsi car Mireille croyait qu'Alain agissait à sa guise. «Après tout, dit-elle, il n'a jamais proposé un changement.» Alain accumula beaucoup de ressentiment et commença à éviter les rapports sexuels parce que, selon lui, Mireille obtenait toujours ce qu'elle voulait et il se sentait constamment frustré.

Le motif inavoué d'Alain était son propre plaisir. Or, comme il ne réussissait pas à le trouver, il se sentait frustré et insatisfait. S'il avait exprimé son désir à Mireille, il n'y aurait eu aucun motif caché et aucun problème. Il suffit, dans ce cas, que les partenaires expriment leurs désirs pour que le problème soit résolu.

La négociation peut être amusante lorsqu'elle est menée d'une manière ouverte, équitable et agréable pour les deux partenaires, chacun tenant ses promesses. En revanche, si les rapports sexuels d'un couple reposent uniquement sur une négociation excessive ou compulsive, de graves problèmes risquent de surgir lorsque vient le temps de rendre des faveurs. Si l'un des partenaires cherche toujours à plaire à l'autre sans tirer aucun plaisir du sexe, sa passion sexuelle piquera du nez. C'est pourquoi les deux partenaires doivent bien comprendre leur entente et son effet sur leur vie sexuelle.

Échanger le sexe contre des faveurs non liées au sexe

Certaines personnes se servent du sexe pour obtenir des faveurs à l'extérieur de la chambre à coucher. Exemples: «Si nous sortons pour dîner, je serai d'humeur très amoureuse»; ou «Si nous allons voir *Docteur Jivago* à la place, je me montrerai plus romantique»; ou encore «Je trouve les montagnes plus romantiques que la mer; pourquoi ne pas y passer les vacances?»

Nous voilà de nouveau sur un terrain glissant. Lorsqu'un partenaire vise à dominer l'autre sans tenir compte du plaisir et de la satisfaction du couple, la négociation est alors régie par des motifs cachés et elle est susceptible d'entraîner des effets négatifs.

La négociation n'est efficace que lorsqu'elle est pratiquée ouvertement et qu'aucun des partenaires ne se sent forcé. Les conjoints peuvent apprécier tous deux des vacances à la montagne et le fait que la montagne stimule l'ardeur amoureuse de l'un d'eux ne peut qu'ajouter au plaisir du couple. Toutefois, si l'un des partenaires déclarait: «Je déteste la mer! Pas de vacances à la montagne, pas de sexe!», son conjoint devrait se soumettre, et le sexe servirait d'outil de domination. De même, des affirmations du type: «Si je cuisine, je ne fais pas l'amour», ou «Nous dînons à l'extérieur ou je ne fais pas l'amour!» ne laissent aucune place à la négociation et constituent plutôt des ultimatums. Le partenaire dominateur obtiendra peut-être ce qu'il veut, mais à la longue, la vie sexuelle du couple s'en ressentira. Ces ultimatums se rapprochent du sexe conditionnel, une autre façon de dominer son partenaire dans la chambre à coucher.

Le sexe conditionnel

On parle de «sexe conditionnel» lorsqu'un des partenaires domine le comportement sexuel du couple. Il n'y a aucun échange: les rapports sexuels sont soumis aux conditions d'un partenaire ou inexistants. Ce modèle de comportement est étonnamment courant et la plupart du temps inconscient.

C'était le cas d'Élise et de Grégoire dont la vie sexuelle avait périclité au point de devenir inexistante. Ni l'un ni l'autre n'en comprenaient la raison puisqu'ils avaient connu une vie sexuelle merveilleuse au début de leur relation. Au cours de la thérapie, ils découvrirent le modèle caché qui sous-tendait leurs rapports sexuels. Craignant que Grégoire ne manifeste une ardeur excessive, Élise ne cessait de soumettre leurs jeux amoureux à des conditions toujours plus élaborées. Au début, Grégoire ne s'en formalisa pas, mais petit à petit, il trouva de plus en plus difficile de stimuler Élise. «Essayer de stimuler Élise, c'est comme tenter de réchauffer un éléphant.

Cela ne me dit plus rien», expliqua-t-il.

En thérapie, ils établirent une liste de ce qui leur procurait du plaisir. Puis, tour à tour, ils durent se soumettre aux désirs de leur conjoint jusqu'à avoir des rapports sexuels à une fréquence naturelle et confortable pour tous deux. Après trois mois, ils perdirent de vue qui faisait quoi à qui pendant combien de temps et avec quelle fréquence, et leur vie sexuelle suivit son cours à leur satisfaction mutuelle.

Il s'agit là d'un exemple typique de sexe conditionnel. Au début, le partenaire plus énergique et plus passionné tolère les conditions stipulées par le partenaire le moins ardent, mais éventuellement, il se désintéresse du sexe. L'autre a réussi non seulement à dominer l'appétit sexuel de son partenaire, mais aussi à l'éteindre tout à fait.

Le sexe conditionnel et le sexe destiné à réparer des torts présentent certaines similitudes. Dans les deux cas, un des partenaires est un vrai cheval de labour. Lorsqu'il cherche à réparer des torts, il assume la responsabilité du plaisir du couple et finit par se désintéresser du sexe parce qu'il commence à se sentir incompétent: en effet, il est de moins en moins capable de faire plaisir à l'autre. Dans le cas du sexe conditionnel, le partenaire le plus ardent et le plus actif cherche à s'amuser sans se soucier de faire plaisir à l'autre. Il ne cherche pas à plaire et s'il se désintéresse du sexe, c'est uniquement parce qu'il ne s'amuse plus.

On ne devrait pas essayer de maîtriser l'appétit sexuel d'un tiers. Les partenaires doivent trouver un moyen de combler leurs besoins sexuels mutuels sans les limiter ni les étouffer.

Dorothée et Émile eurent des ennuis parce qu'ils n'avaient pas suivi ce conseil. Émile n'avait plus aucun goût pour le sexe. Aux dires de Dorothée, qui le soupçonnait d'infidélité, le tigre s'était changé en minet.

Comme nous discutions de leur vie sexuelle, le modèle de comportement suivant émergea. Tous deux aimaient faire l'amour. Dorothée était aux anges lorsque son homme venait à elle comme un animal en rut et elle avait trouvé le moyen de susciter ce comportement chez lui. Au cours des préliminaires amoureux, elle faisait des commentaires sur la performance d'Émile: «N'importe quelle lavette peut faire cela. Montre-moi ce qu'un vrai homme peut faire», ou «Embrasse-moi comme un homme, pas comme un petit garçon.» Émile se mettait en colère et devenait le tigre agressif que voulait Dorothée.

Celle-ci était comblée. Quant à Émile, il aimait les rapports sexuels intenses, mais la colère irrésolue que provoquait Dorothée en lui le laissait mal à l'aise et déçu. Petit à petit, cette colère refoulée prit le dessus sur son plaisir sexuel et il finit par fuir les rapports amoureux.

Dorothée payait un prix élevé pour la satisfaction de ses désirs sexuels. En discutant de ses désirs et en tenant compte de ceux d'Émile, elle aurait évité ce problème. Il est normal de vouloir satisfaire ses désirs sexuels, mais la discussion et les compromis sont essentiels à la satisfaction des deux partenaires.

* * *

Les personnes les plus susceptibles de domimer les autres par le biais du sexe sont celles qui:

- sont rigides et voient le changement comme une menace;
- ne se croient pas capables de s'adapter aux changements qui se produisent chez leur partenaire;
- se sentent impuissantes dans d'autres domaines de leur vie;
- ne tiennent pas compte des sentiments et des besoins des autres.

Que faire si vous découvrez un tel modèle de comportement dans votre relation?

- Ne paniquez pas. Dressez la liste de vos intérêts, de vos talents et de vos aptitudes. Exploitez vos qualités et cultivez un passe-temps. Les partenaires qui essaient de se dominer mutuellement par insécurité n'ont pas exploité leurs propres intérêts, talents ou qualités.
- Encouragez votre partenaire à faire de même. Sinon, il minera vos efforts de croissance personnelle.
- Ne laissez pas l'inquiétude vous ronger et exprimez vos sentiments à mesure que vous les ressentez.
- N'essayez jamais de résoudre un problème ni de corriger le comportement de votre partenaire (boire, trop travailler, etc.) par le biais du sexe. Vous vous en mordrez les doigts. Discutez-en ouvertement avec lui et résolvez le problème hors de la chambre à coucher.

En ce qui concerne un comportement sexuel précis, rappelez-vous toujours ceci: aucun des partenaires ne devrait toujours mener le jeu ni s'exténuer à la tâche. Si votre rôle sexuel ne vous plaît pas, discutez-en avec votre partenaire. Voici quelques suggestions supplémentaires:

- Renversez les rôles dans la chambre à coucher. Discutez de vos sentiments face à votre nouveau rôle, ainsi que des avantages et désavantages de celui-ci. Cette discussion peut vous aider à trouver un compromis.
- Inventez un fantasme commun et concrétisez-le. Si l'un de vous n'est pas d'accord, complétez la fantaisie tour à tour. Échangez le rôle de meneur de jeu. Discutez de vos sentiments. Puis, renversez les rôles et recommencez ou attendez la fois suivante.
- Innovez. Prévoyez une soirée au cours de laquelle vous essaierez du nouveau. Discutez de vos réactions. Renversez les rôles. Discutez-en de nouveau.

15

Le sexe pour se
détendre

Oh! que ça me ferait du bien de faire l'amour;
ça fait tellement longtemps...!

Donald et Mélanie, tous deux enseignants, rentraient du travail à la même heure chaque jour et se dirigeaient droit vers la chambre à coucher où ils se laissaient emporter par leur passion. Après deux ans de ce rituel quotidien, le sexe avait perdu de son attrait. Ce n'était plus qu'un cocktail qui les détendait après une journée harassante passée auprès d'enfants turbulents et d'administrateurs jamais contents. Donald raconte: «Je suis rendu au point où je ne peux plus penser avant d'avoir fait l'amour. Nous n'avons jamais de rapports sexuels les week-ends car nous n'en sentons pas le besoin.» D'ajouter Mélanie: «Je pense que ni l'un ni l'autre n'apprécions le sexe pour ce qu'il est. Je ne peux pas m'en passer, mais je n'en tire pas de plaisir.»

Donald et Mélanie ne se rappelaient pas au juste ce qui avait déclenché cette habitude, mais ils furent d'accord pour dire qu'au début, le sexe leur permettait de «continuer la journée». Ils n'aimaient pas vraiment enseigner et le sexe marquait pour eux la fin de la partie désagréable de la journée.

Au cours de la thérapie, le couple s'aperçut qu'il voyait le sexe comme une évasion, une manière de libérer sa tension, un baume pour sa frustration professionnelle, bref, tout sauf une source de plaisir sexuel. Pas étonnant que tous deux aient été aussi frustrés! Tous ces besoins non sexuels ne laissaient aucune place au plaisir sexuel.

Bernard et Dominique, qui exploitaient une petite imprimerie et une agence de publicité, se trouvaient dans une situation similaire. Leur journée était un incessant cortège d'échéances, de corrections à apporter et de clients difficiles. Chaque fois que la journée devenait trop chaotique, ils se sauvaient dans la chambre à coucher pour prendre une «délicieuse pause-café». Au début, cela les aidait: ils se sentaient ragaillardis et affrontaient leurs problèmes avec une nouvelle vigueur. Mais à la longue, ils finirent par éprouver de la frustration sexuelle. Leurs haltes quotidiennes devinrent des désastres qui s'ajoutaient à leurs problèmes. Or, ils étaient incapables de cesser d'utiliser le sexe de cette façon car ils ne connaissaient pas d'autre moyen de détente.

Il s'agit là d'exemples typiques de couples qui ont l'habitude d'utiliser le sexe comme un «martini», une évasion ou un refuge. Ils cherchent à revigorer leurs esprits fatigués ou à alléger une tension non sexuelle par l'intermédiaire du sexe, qui acquiert ainsi un rôle tout à fait nouveau de nourricier, de stabilisateur, de moyen de détente.

Ces exemples illustrent trois points importants concernant l'utilisation du sexe comme un refuge. Premièrement, ce comportement est presque toujours efficace au début et le couple, ou la personne concernée, trouve vraiment un soulagement dans le sexe. Deuxièmement, il crée une accoutumance dont il est difficile de se débarrasser, même lorsqu'on prend conscience de son problème. Troisièmement, la vraie difficulté tient au fait que le couple ne possède pas de source de réconfort ou de détente non sexuelle. Dès que les partenaires en ont trouvé une, ils peuvent enfin rechercher le véritable plaisir sexuel, et leur vie sexuelle s'améliore automatiquement.

Il arrive qu'un seul partenaire se serve du sexe pour s'évader ou se réconforter. Dans ce cas, les problèmes surviennent plus rapidement, car ce partenaire veut faire l'amour à des moments inopportuns. Son conjoint sent qu'il y a anguille sous roche et trouve vite le sexe frustrant et oppressant. Souvent, il a l'impresssion d'être utilisé, comme ce fut le cas pour Roberte.

Roberte se plaignait du fait qu'elle n'aimait pas faire l'amour avec son mari, qui l'entraînait au lit dès son retour du travail. «Gérard a à peine terminé son apéro qu'il veut aller au lit. Moi, je suis pressée d'en finir.» Lorsqu'elle décrivait sa frustration, il était clair que Roberte se sentait utilisée. «J'ai l'impression d'être son second apéritif. Je suis là pour ouvrir les jambes et libérer sa tension du bureau afin qu'il puisse effectuer le travail qu'il a rapporté à la maison.»

Gérard refusait de suivre une thérapie et de venir discuter du problème avec nous, faisant plutôt valoir ses droits conjugaux. Nous résolûmes le problème grâce à un petit stratagème. Nous demandâmes à Roberte de placer un martini, un petit mot et un journal près du fauteuil de son mari et de quitter la maison juste avant son retour. Lorsqu'elle revint, Gérard était beaucoup plus détendu et il fut surpris de constater le degré de plaisir que lui procurait le sexe lorsqu'il ne s'en servait pas pour se détendre entre deux séances de travail stressantes.

Le refus d'un des deux partenaires de participer à la thérapie n'est pas inhabituel. Les personnes comme lui sont souvent satisfaites de leur vie sexuelle et affichent l'attitude suivante: «C'est toi qui n'est pas content(e), c'est ton problème.» Parfois, elles craignent aussi de voir leurs rapports sexuels se détériorer, ce qui se produit rarement. Habituellement, la vie sexuelle des deux conjoints s'améliore immédiatement. D'ailleurs, le sexe est toujours plus agréable lorsque les partenaires sont détendus.

* * *

Les personnes les plus portées à utiliser le sexe comme apéritif sont celles qui:

- sont généralement tendues et incapables de se détendre;
- se sentent toujours obligées d'effectuer un travail productif et n'ont aucun intérêt ou passe-temps en dehors de leur travail:
- mènent une vie peu satisfaisante et exercent un emploi stressant et peu gratifiant.

Si c'est votre cas, comment vous détendre?

- Prenez des vacances et faites le point sur votre vie, sur votre travail et sur votre relation. Recherchez les sources de tension et les façons d'y faire face.
- Contentez-vous de regarder passer les nuages. Concentrez-vous sur les petits plaisirs que la vie vous offre mais que vous ne remarquez pas d'habitude.
- Détendez-vous avant de faire l'amour. Essayez de faire des exercices de détente musculaire profonde ou de méditation avant d'entrer dans la chambre à coucher.
- Écoutez de la musique classique: cela peut avoir un effet très apaisant.
- Pratiquez régulièrement un sport dynamique ou faites des exercices.
- Suivez un cours ou lisez un livre sur la gestion du stress.
- Prévoyez un week-end de vacances à la maison. Bannissez toute activité déplaisante ou stressante du samedi ou du dimanche que vous passerez avec votre partenaire. Il est important de planifier sa journée, par exemple:
  8 h à 11 h: Relaxer au lit avec des bandes dessinées, des films vidéo, etc.
  11 h 30 à 13 h 30: Déjeuner au restaurant.
  14 h à 15 h: Faire une promenade.
  15 h à 15 h 45: Se faire la lecture.
  Soir: Pensez à aller danser, à dîner au restaurant, à aller voir un spectacle. Ensuite, faites l'amour et remarquez combien le sexe est différent lorsque vous ne l'utilisez pas pour calmer votre tension.

16

Le sexe pour suivre
la norme sociale

Tout le monde le fait deux, trois fois par semaine.
Pourquoi pas nous?

L'être humain est un animal social. Nous nous intéressons de près aux autres, à la façon dont ils mangent, parlent, se vêtent et se comportent. Les propos et les actes des autres influencent inévitablement notre comportement. C'est ce qu'on entend par pression sociale et ce phénomène touche toutes les facettes de notre vie, y compris notre vie amoureuse.

Comment la pression sociale influence-t-elle notre comportement sexuel? Le simple fait de savoir comment nos semblables se comportent au lit augmente nos chances de les imiter. Cette idée n'est pas nouvelle, et bien des chercheurs behavioristes et des sociologues ont exprimé leur inquiétude concernant la publication de données relatives au sexe.

Comment la simple connaissance du comportement sexuel des autres peut-elle influencer le nôtre? Voici deux explications plausibles.

1. Lorsque nous lisons des articles sur le comportement sexuel de nos semblables, nous comparons le nôtre aux normes décrites. S'il n'est pas conforme à ces normes, nous supposons que quelque chose cloche chez nous et le rajustons en conséquence.

2. La plupart d'entre nous ont des fantasmes sexuels, mais hésitent à les extérioriser. En général, nous n'en parlons même pas de crainte qu'ils ne soient pas acceptables socialement. Lorsque nous prenons connaissance des fantasmes des autres, les nôtres nous paraissent plus normaux et nous sommes plus portés à les exprimer.

Les publications ne sont pas nos seules sources de renseignements sur le comportement sexuel de nos semblables. La télévision et le cinéma influent également sur notre perception de la normalité. Ils nous bombardent littéralement de scénarios montrant des couples infidèles, des relations sexuelles risquées ou fortuites, et l'utilisation du sexe comme outil de manipulation. Bref, à voir cela, on pourrait croire que tout est permis.

Plus nous voyons ces différents comportements sexuels à l'écran, plus nous les jugeons normaux ou courants. Nombreux sont ceux qui se demandent, après avoir vu un film, s'il est normal de gifler ou de donner la fessée à son partenaire pendant l'amour, ou d'avoir des relations instables. Les exemples ci-dessous illustrent l'influence de la pression sociale sur notre vie sexuelle.

M. et Mme J. appelèrent pour prendre rendez-vous parce qu'ils souffraient, semble-t-il, d'un grave problème lié au sexe. Depuis des années, le couple avait des relations sexuelles hebdomadaires. Or, récemment, ils avaient lu un sondage affirmant que la fréquence nationale moyenne des rapports sexuels était de 2,3 fois par semaine. Soucieux de se conformer à la norme, les J. augmentèrent la fréquence de leurs rapports qui, à leur grand désarroi, perdirent beaucoup de leur saveur. Ils étaient persuadés que quelque chose ne tournait pas rond chez eux.

En fait, tout allait pour le mieux. Avec le thérapeute, ils discutèrent des besoins sexuels différents de chacun et de la façon dont les motifs non sexuels (comme de vouloir se conformer à la norme nationale) diminuent le plaisir sexuel. Le thérapeute demanda au couple d'oublier la norme, de respecter ses propres besoins et de rappeler advenant la découverte de tout autre problème. Deux mois plus tard, Mme J. téléphona pour dire que tout allait bien. Elle et son mari avaient décidé que leurs relations sexuelles hebdomadaires leur procuraient le plus grand degré de plaisir et de satisfaction, et «au diable les normes nationales».

Ce cas, bien que peu grave, illustre un point très important: avoir des relations sexuelles pour faire comme les voisins (ou pour respecter la norme nationale) ne peut pas être satisfaisant. Toutefois, la pression sociale n'a pas toujours un effet négatif sur la vie sexuelle, comme le démontre le cas de Clément et de Linda.

Après deux ans de mariage, à la grande stupéfaction de Clément, Linda voulut essayer les relations orales. Celui-ci avait été élevé par des grands-parents sévères qui jugeaient amoral tout ce qui s'écartait de la position du missionnaire. Linda le convainquit d'essayer après lui avoir montré les résultats d'une enquête indiquant que plus de la moitié (selon ses chiffres à elle) des gens avaient des relations sexuelles orales. Tous deux apprécièrent cette nouveauté, mais Clément acceptait rarement de s'y prêter, car elles lui plaisaient tellement qu'il se sentait perverti. Il allait être obligé d'élargir son code moral afin d'y inclure ce nouveau plaisir.

Voici d'autres exemples courants où la pression sociale influence le comportement sexuel:

- La personne mariée qui n'a jamais envisagé d'avoir une aventure avant de lire quelque part que plus de la moitié des gens mariées en ont; soudain, l'idée lui sourit.
- La personne qui fait l'amour simplement parce que tout le monde le fait.
- Le jeune homme ou la jeune fille vierge de vingt-trois ans qui décide de faire l'amour pour ne pas passer pour bizarre.
- Le couple qui essaie l'échange de partenaires parce qu'il lit de nombreux articles disant que ce comportement est de plus en plus accepté.

Il est clair que nous ne vivons pas dans un désert. Alors jusqu'à quel point devons-nous nous laisser influencer par le comportement des autres? Quel rôle les sondages sur le sexe doivent-ils jouer dans notre vie? Nous pourrions vivre en ermites; nous pourrions aussi laisser les autres diriger notre vie, en nous fondant sur les statistiques ou sur d'autres influences extérieures pour décider quels comportements sont agréables et normaux. Ces deux attitudes extrêmes sont insensées.

Voici la solution: nous ne devrions jamais adopter un comportement sexuel dans le simple but d'imiter les autres ou de nous en démarquer. Nous devrions faire ce que nous voulons, quand nous le voulons, parce que cela nous fait plaisir à nous et à notre partenaire. Les normes sociales et les statistiques peuvent stimuler notre réflexion sur notre comportement et nos croyances. Ainsi, si la fréquence hebdomadaire nationale est de 2,3 relations sexuelles et qu'un couple fait l'amour deux fois par année, il se peut que quelque chose ne tourne pas rond. De même, si 90 p. 100 des gens mariés prennent différentes positions pendant l'amour et qu'un couple adopte toujours la position du missionnaire dans l'obscurité, il devrait peut-être réviser ses attitudes et ses croyances. Mais nous ne devrions pas croire que ce que font la plupart des gens est automatiquement correct ou nous convient. Supposons que 60 p. 100 des couples mariés ont des aventures; cela ne veut pas dire que vous devez en avoir une aussi. Si 60 p. 100 de tous les couples pratiquent le sado-masochisme, vous n'êtes pas forcé de les imiter pour autant. Ces données hypothétiques illustrent l'absurdité du raisonnement qui pousse à imiter la majorité.

* * *

Voici les personnes les plus susceptibles d'être influencées par les pressions sociales:

• celles qui ne possèdent pas de normes personnelles précises;

- celles qui se jugent d'après l'opinion et le comportement d'autrui;
- celles qui ont été élevées par des parents sévères et se sont révoltées, mais sans élaborer leur propre code moral;
- les adolescents.

Comment minimiser les conséquences de la pression sociale sur sa vie sexuelle?

- Révisez votre code moral en ce qui touche le sexe. Que jugez-vous bon ou mauvais? Réfléchissez sur ce qui a façonné vos croyances. Vos raisons proviennent-elles d'un rêve télévisé ou témoignent-elle d'un ardent fanatisme? Si c'est le cas, lisez les chapitres sur la culpabilité, la révolte et l'estime de soi. Si votre code moral relève de la pure fantaisie, il est probable que de nombreux motifs non sexuels empiètent sur votre vie sexuelle. Remplissez le questionnaire de la page 205 et lisez les chapitres pertinents.
- Si votre partenaire vous incite à faire des gestes qui vous semblent répugnants ou bizarres, fiez-vous à votre jugement jusqu'à ce que vous ayez consulté un psychologue ou un sexologue réputé et accrédité. Celui-ci se fera un plaisir de débattre ces questions avec vous.
- Gardez l'esprit ouvert face à la normalité. En règle générale, l'acte ou la fréquence de l'acte: 1) devrait plaire aux deux partenaires; 2) ne devrait pas entraîner des dommages physiques ou psychologiques; et 3) ne devrait pas diminuer l'estime de soi ni susciter un sentiment de culpabilité chez les partenaires.
- Si vous avez des doutes face à des statistiques ou à un comportement que vous voudriez expérimenter, essayez ceci: au recto d'une feuille de papier, écrivez tout ce que vos parents diraient à ce sujet. Ensuite, imaginez les commentaires d'une personne aux idées libérales et notez-les au verso. Prenez ensuite une autre feuille et écrivez *votre* opinion. Il est probable qu'elle se situera entre les deux extrêmes. Étudiez ensuite chaque point de votre liste. Argumentez, faites des

compromis. Enfin, sur une troisième feuille de papier, notez vos conclusions. Faites cet exercice chaque semaine ou toutes les deux semaines pendant plusieurs semaines. Remarquez la façon dont vos croyances se précisent.

• Si l'exercice ci-dessus vous paraît difficile, essayez ceci: prenez une feuille et divisez-la en deux colonnes. Dans la première, inscrivez toutes les bonnes raisons d'essayer le comportement en question et dans l'autre, toutes les raisons de vous en empêcher. Décidez ensuite si chaque argument pour ou contre l'acte (faites appel à votre raison) est logique ou émotif et regroupez-les selon leur caractère. Débattez chaque argument émotif jusqu'à ce que vous arriviez à une solution ou à un compromis. Refaites l'exercice plusieurs fois pendant plusieurs semaines. Vous finirez par trouver une solution à votre conflit.

17

Le sexe pour combattre
la dépression

Au moins, quand je fais l'amour je vois la vie en rose

Les modèles d'interaction et de réaction sexuelle d'un couple ou la dynamique de la personnalité d'un partenaire peuvent l'entraîner à utiliser le sexe pour repousser la dépression. Examinons d'abord le cas des couples qui se servent du sexe pour chasser leur mélancolie.

Personne n'aime la tristesse ni la compagnie d'une personne triste. Il est difficile de conserver sa bonne humeur lorsque ses proches ont le cafard. Nous avons tendance à réagir en essayant de les égayer et en leur offrant divers conseils banals: «Regarde le bon côté des choses!», «Tu as besoin d'un verre de fort»; ou, involontairement, en proposant le sexe comme un anti-dépresseur.

Voici ce qui se produit: un partenaire broie du noir. L'autre l'entoure de sa sollicitude: quelques mots de consolation, une caresse affectueuse, quelques baisers et, en moins de temps qu'il ne faut pour le dire, le couple se retrouve au lit. Après l'acte sexuel, les partenaires se sentent mieux. En fait, ils viennent d'utiliser le sexe pour soulager le cafard.

C'est exactement ce qui arriva à Roger et Martine qui vinrent nous consulter pour un vague problème qu'une observation de Martine nous permit enfin de cerner.

Martine: Je l'ignore! Vraiment! Tout ce que je sais c'est que le sexe ne me procure plus autant de plaisir qu'avant.

Thérapeute: De plaisir?

Martine: Oui. J'adorais faire l'amour avant! Je me sentais bien après, heureuse, gaie... Cela ensoleillait ma journée!

Thérapeute: Alors le sexe vous remontait, comme une tasse de café vous réveille le matin.

Martine: Oui. Cela marche vraiment... enfin, marchait. Avant, le sexe chassait tous mes soucis quels qu'ils soient.

Martine et Roger découvrirent qu'ils se servaient du sexe pour ne pas affronter la tristesse de Martine et éviter de discuter de ce qui la troublait. En thérapie, ils apprirent à s'aider mutuellement à explorer et à résoudre leurs sentiments désagréables. Ils découvrirent également que le sexe peut procurer un plaisir décuplé lorsqu'on ne l'utilise pas pour soulager sa tristesse.

On retrouve des modèles de comportement semblables chez bien des couples. Un partenaire est triste; l'autre cherche à le consoler au moyen du sexe. Résultat: un soulagement temporaire de la tristesse, mais des relations sexuelles médiocres. On ne peut connaître la véritable extase sexuelle lorsque la dépression s'insinue dans sa chambre à coucher.

Il faut affronter sa dépression avant de faire l'amour. Une fois la source d'amertume mise à jour et résolue, le couple peut faire l'amour, s'il le désire. Il jouira davantage de ses rapports sexuels s'il a d'abord partagé et réglé un problème intime.

Utiliser à répétition le sexe pour repousser la dépression peut avoir des conséquences graves:

1. La vie sexuelle du couple devient centrée sur des sentiments négatifs. Les partenaires apprennent à réagir sexuellement face à leurs sentiments mélancoliques. Ils s'apprennent aussi mutuellement à afficher de la tristesse lorsqu'ils veulent faire l'amour.

2. Les partenaires risquent d'apprendre à s'utiliser l'un l'autre et à utiliser le sexe uniquement pour se protéger de la dépression. Éventuellement, leur relation jouera uniquement un rôle d'anti-dépresseur et leur vie représentera une menace constante de dépression repoussée au moyen du sexe. Lorsqu'ils n'auront plus besoin d'anti-dépresseur, ils risquent de ne plus éprouver d'attirance physique l'un pour l'autre; leur relation leur paraîtra alors inutile et insignifiante.

C'est ce qui arriva à Yvonne et à René qui décidèrent de se séparer après cinq ans de mariage. René expliqua: «Nous ne nous aimons pas et je ne suis même pas certain que nous nous plaisons. Nous ne comprenons même pas ce qui nous a attirés l'un vers l'autre au début.» Yvonne acquiesca, se plaignant qu'ils avaient l'habitude de s'aimer, d'avoir besoin l'un de l'autre et de bien s'entendre.

Une étude de leurs antécédents familiaux, de leurs relations amoureuses et de leur mariage mit le problème à jour. Les deux partenaires avaient eu une enfance malheureuse et pauvre, et ils avaient été maltraités par leurs parents. Il était facile de conclure qu'adolescents, ils avaient été très déprimés et s'étaient consolés ensemble. Lorsqu'ils commencèrent à avoir des relations sexuelles, ils apprirent à utiliser le sexe comme un anti-dépresseur. Lorsqu'un des deux était déprimé ou triste, l'autre se montrait attentionné et affectueux, et le couple finissait inévitablement par faire l'amour.

Peu après leur mariage, ils trouvèrent des emplois bien rémunérés et gratifiants. Leur vie changea et à mesure qu'ils devenaient insouciants, leur ennui diminuait et leur estime de soi grandissait. Comme ils n'avaient plus besoin l'un de l'autre ni du sexe pour éviter la dépression, leur relation n'avait plus de raison d'être.

Les partenaires excessivement dépendants l'un de l'autre pour leur bonheur sont les plus susceptibles d'utiliser le sexe comme un anti-dépresseur. Ils tiennent souvent des propos comme: «Tu es mon rayon de soleil, ma raison de vivre», «Je ne pourrais pas vivre sans toi», et ainsi de suite. Cependant, le bonheur est une expérience émotionnelle que l'on doit chercher en soi et non en quelqu'un d'autre.

En outre, les couples qui sont incapables d'affronter les sentiments, les situations ou les événements négatifs et incapables d'en discuter, ont tendance à se servir du sexe comme d'un anti-dépresseur. Chacun éprouve des sentiments négatifs et déplaisants qu'il doit accepter et affronter; sinon, il est trop facile d'utiliser le sexe à mauvais escient.

Jusqu'ici, nous avons vu que les partenaires peuvent collaborer pour se servir du sexe comme anti-dépresseur. Examinons maintenant la relation globale entre le sexe et la dépression.

Sexe et dépression

Le sexe peut servir d'anti-dépresseur en raison de sa nature et de son interaction avec la dynamique de la personnalité d'une personne. La relation qui existe entre le sexe et la dépression est étonnante et complexe. Les personnes profondément déprimées se sentent tristes, isolées, rejetées, inutiles et impuissantes. Elles ont peu d'appétit, dorment mal et ne semblent prendre plaisir à rien. Elles se désintéressent de tout, *y compris du sexe*. Comme on peut s'y attendre, leur activité sexuelle est inexistante ou réduite au minimum et elles en tirent un plaisir minime.

Fait étonnant toutefois, la personne dépressive augmente son activité sexuelle et semble y trouver plus de plaisir au cours de la phase préliminaire de la dépression. C'est pourquoi nombre de cliniciens ont conclu que le sexe pouvait, du moins temporairement, prévenir la dépression.

Comment est-ce possible? Pour cinq raisons principales:

1. L'intensité et le plaisir associés à l'acte sexuel neutralisent l'engourdissement émotionnel qui gagne la

personne. Le sexe est comme un rayon de soleil qui détourne son attention de la dépression proche.

2. Le sexe nécessite un contact avec une autre personne. Ce contact soulage temporairement la personne déprimée de l'isolement émotionnel naissant qui accompagne la dépression. Son attention est de nouveau détournée de sa tristesse.

3. En théorie, la dépression résulte de sentiments de colère et d'agressivité refoulés. Or, l'acte sexuel permet des comportements agressifs et donne à la personne la chance d'extérioriser une partie de ses sentiments et de connaître ainsi un soulagement temporaire.

4. Les personnes déprimées ne s'aiment pas et elles utilisent le sexe pour se valoriser (voir le chapitre 8).

5. La plupart des personnes qui utilisent le sexe comme un anti-dépresseur semblent avoir eu une enfance et une adolescence malheureuses. Autrefois elles se masturbaient pour se soulager; maintenant, elles font l'amour avec un partenaire. Elles sont obsédées par le sexe qui leur permet de nier leur dépression.

Il est évident que le sexe ne peut soulager la dépression que d'une manière minime et temporaire. Les sentiments de tristesse finiront par ressortir et par suivre leur cours. Toutefois, certaines personnes réussissent à prévenir la dépression au moyen du sexe pendant des périodes assez longues, comme l'attestent les exemples ci-dessous.

Michel, un homme brillant âgé de vingt-huit ans, vint nous consulter à la suite d'un cauchemar récurrent dont il n'arrivait pas à se souvenir. Depuis deux mois, il se réveillait chaque nuit saisi et tendu «comme s'il était sur le point de pleurer». Parfois, sa femme le réveillait parce qu'il pleurait d'une manière hystérique dans son sommeil. Elle l'avait encouragé à chercher de l'aide.

Michel se disait heureux. Il était marié depuis près de quatre ans et sa relation lui plaisait. «Avec ma femme, je me sens comme un dieu», déclara-t-il. La vie sexuelle du couple semblait très satisfaisante jusqu'au début des rêves. «Nous aimons tous deux faire l'amour, surtout moi. Il n'y a rien de mieux au monde», affirma Michel avec enthousiasme. Depuis quatre ou cinq mois, toutefois, il éprouvait un sentiment de manque, mais ignorait à quoi il était relié.

Grâce à l'hypnose, Michel put se rappeler son rêve. Il était petit, et un personnage masqué et vêtu d'une robe noire le fouettait. Lorsqu'il démasqua le personnage, son père, il libéra un torrent de colère et de ressentiment. Il nous parla de son père qui l'avait taquiné et battu avec une incroyable cruauté jusqu'à sa mort survenue quand Michel avait douze ans.

Michel se rappela qu'il avait été malheureux jusqu'à l'âge de dix-huit ans environ, au moment où il découvrit les femmes et ses qualités d'amant. Tout sembla alors rentrer dans l'ordre. Il fit ses études avec la détermination de ne pas être un «bâtard» comme son père. Lorsqu'il rencontra Claire, sa femme, il avait «oublié» son terrible passé. Claire et le sexe devinrent le centre de son univers. Tout allait pour le mieux: il était en passe de devenir président de sa compagnie, Claire et lui s'étaient mariés et étaient heureux. La grossesse de Claire marqua le début de ses rêves et la disparition de son intérêt pour le sexe et de son plaisir. L'enfant à venir éveillait les souvenirs de Michel au sujet de sa propre enfance.

Michel s'était servi des femmes et du sexe pour repousser une grave dépression. Il s'en était très bien tiré compte tenu de ses expériences antérieures, mais la dépression avait fini par avoir raison de lui. La cruauté et la mort de son père venaient compliquer davantage ce cas qui n'en illustre pas moins le lien entre le sexe et la dépression.

Pour la plupart des gens, le problème n'est pas aussi grave et le lien entre le sexe et la dépression n'est pas aussi évident. Néanmoins, notre état émotif influence notre vie sexuelle. Lorsque nous sommes en paix avec nous-mêmes et avec les autres, le sexe nous procure un plaisir authentique et agréable. Par contre, lorsque nous sommes déprimés, il est facile de se servir du sexe comme d'une béquille. Comme toujours lorsque nous utilisons le sexe à des fins non sexuelles, notre degré de plaisir est amoindri.

* * *

Les personnnes les plus susceptibles d'utiliser le sexe pour éviter ou alléger leur dépression sont celles qui:

• essaient de réprimer ou de nier leurs sentiments désagréables et veulent toujours sauver la face. Au lieu d'affronter ces sentiments et les situations désagréables, elles les évitent ou en nient l'existence;
• sont préoccupées par le sexe;
• ont eu une enfance malheureuse et des parents sévères.

La meilleure façon de guérir une dépression consiste à cesser de lutter contre elle et à la laisser émerger. C'est alors seulement qu'on peut la résoudre. La dépression n'influence la vie sexuelle que lorsqu'on en nie l'existence.

Voici des façons de ne pas utiliser le sexe comme un antidépresseur:

• Discutez de vos sentiments de tristesse et d'impuissance à mesure qu'ils se présentent. Ne prodiguez pas à l'autre des conseils banals et n'insistez pas pour qu'il voie le bon côté des choses. Aidez votre partenaire en: a) reconnaissant ses sentiments désagréables; b) partageant des sentiments et des incidents similaires; c) recherchant avec lui des façons de remédier à sa situation.
• N'essayez jamais de changer l'humeur de votre partenaire. Ses sentiments négatifs referont surface plus tard.
• Reconnaissez le fait que la colère réprimée conduit souvent à la dépression. Il peut être utile de repenser aux événe-

ments ou aux situations qui vous ont mis en colère récemment mais que vous avez été incapable de résoudre alors.

- Lisez les suggestions présentées à la fin du chapitre sur la colère.

18

Le sexe pour
se rebeller

Il faut bien que je t'endure: je ne peux pas
me passer de toi

Avez-vous déjà remarqué que, lorsqu'on refuse une chose aux enfants, ils la convoitent encore davantage? Levez l'interdit et que se passe-t-il? Ils perdent tout intérêt pour l'objet en question. Quelle qu'en soit la raison, le fait d'interdire une activité rend celle-ci encore plus désirable. Cela est particulièrement vrai lorsque l'activité est agréable et naturelle comme le sexe.

Dans notre culture, le sexe est réservé aux adultes et est considéré comme tabou avant le mariage. C'est pourquoi il a acquis un attrait qui dépasse la simple satisfaction d'un besoin biologique. Une personne peut faire l'amour parce que c'est défendu, pour l'excitation que produit en elle le risque d'être prise en flagrant délit, par provocation, par colère envers l'autorité ou simplement par insatisfaction face à l'ordre établi. Les rapports sexuels fondés sur les motifs ci-dessus sont non seulement insatisfaisants, mais ils entraînent également une grande confusion dans nos relations.

Ceux qui font l'amour par pure provocation sont en minorité. Toutefois, la vie sexuelle de presque tout le monde est influencée jusqu'à un certain point par l'interdiction qui pèse sur le sexe. Voyons maintenant les quatre manières dont cela se produit.

La déception qui suit le mariage

La déception suivant le mariage est un phénomène familier à bien des jeunes mariés qui ont eu des relations sexuelles avant le mariage. Ils signalent que leurs rapports ne sont pas aussi passionnants après le mariage qu'avant. Pourquoi? Pendant les fréquentations, de nombreux besoins non sexuels se mêlent à l'aspect sexuel de la relation, comme la confirmation de son identité sexuelle, l'affirmation de son indépendance, la révolte, l'affirmation de soi et la recherche de soi-même. Tous ces besoins sont satisfaits, jusqu'à un certain point, par le sexe et par la relation en progression.

La naissance d'une relation est passionnante en soi et elle entraîne une grande satisfaction émotionnelle, que les amoureux attribuent souvent à tort au sexe seul. Après le mariage, ces besoins non sexuels sont comblés indépendamment du sexe. Ainsi, le désir d'indépendance des conjoints se réalise grâce à la fondation d'un foyer distinct du foyer parental. Les partenaires satisfont leur désir de révolte ou d'affirmation en élaborant leurs propres valeurs, leurs propres règles et un nouveau style de vie. Or, la satisfaction qu'ils éprouvent est désormais distincte de la satisfaction sexuelle.

En conséquence, les conjoints ont l'*impression* d'éprouver un plaisir sexuel moindre. En fait, avant le mariage, ils attribuaient au sexe seul le plaisir et la satisfaction qu'ils tiraient de diverses sources non sexuelles. Après le mariage, ils n'attribuent au sexe *que* le plaisir que leur procurent leurs rapports sexuels. C'est pourquoi celui-ci leur *paraît* moins excitant ou moins intéressant.

Cette déception touche généralement les couples extrovertis qui sont inconscients de leurs besoins, de leurs sentiments et des conséquences de leurs actes. S'ils étaient plus conscients, ils auraient distingué et compris tous ces besoins avant le mariage et ne seraient pas déçus.

La plupart des couples traversent cette période sans problèmes graves. D'autres, toutefois, éprouvent des doutes sur le sexe, diminuent la fréquence de leurs rapports et se demandent s'ils retrouveront leur ferveur d'antan. Dans la plupart des cas, cependant, cette déception est temporaire et leurs relations sexuelles s'améliorent avec l'expérience.

Poursuivre une relation médiocre

Des milliers de couples poursuivent une relation à laquelle ils mettraient fin si le sexe n'était pas défendu. Ce phénomène se produit de deux façons.

Confondre sexe et amour

Bien des couples croient qu'il est mal de faire l'amour s'ils ne sont pas mariés ni amoureux. Certains d'entre eux se font croire qu'ils sont amoureux afin de justifier leurs relations sexuelles. Une fois la nouveauté du sexe émoussée, l'absence d'amour et l'incompatibilité des partenaires deviennent évidentes. Ceux-ci se sentent coupables et font face à une alternative: affronter leur sentiment de culpabilité et rompre ou continuer la relation sous le couvert de l'amour sous prétexte qu'ils ont trop investi l'un dans l'autre pour se séparer.

Bien des couples qui avouent avoir senti dès le premier jour qu'ils n'auraient jamais dû se marier se sont trouvés pris dans ce piège. Ils confondent sexe et amour, comme l'illustre le cas ci-dessous.

Géraldine vint nous consulter parce que sa quatrième relation «sérieuse» depuis un an tombait en déconfiture. Chaque fois, elle s'était sentie très amoureuse et avait voulu épouser son ami. Elle s'accrochait à chaque partenaire et était certaine que celui-ci ressentait la même chose envers elle. Lorsque nous lui demandâmes pourquoi elle en était si sûre, elle répondit: «Que voulez-vous dire? Il faisait l'amour avec moi!»

Les parents de Géraldine croyaient que les relations sexuelles avant le mariage étaient un grave péché sauf si les partenaires étaient amoureux et prévoyaient se marier. Aux yeux de Géraldine, seule une prostituée couchait avec ses «amoureux». Au cours de la thérapie, Géraldine se rendit compte que sa propension à tomber amoureuse lui servait d'excuse pour avoir des relations sexuelles. Elle se persuadait d'être amoureuse afin de contourner les normes excessivement puritaines de ses parents tyranniques. Le thérapeute l'aida à établir son propre code moral en ce qui touchait le sexe.

Les partenaires révoltés

L'élaboration d'un code moral personnel exige une grande réflexion et une grande indépendance de jugement. Certaines personnes n'y arrivent jamais et n'apprennent jamais à réfléchir.

Elles cherchent constamment un appui et des encouragements auprès de leurs pairs et dans bien des cas, leur partenaire est une personne aussi décidée, révoltée et déroutée qu'elles. Le début de leurs relations sexuelles marque la naissance d'une alliance secrète entre deux rebelles.

Ces partenaires se servent du sexe pour s'affranchir des normes traditionnelles. Le sexe devient le symbole de leur indépendance et de leur rejet des vieilles restrictions sociales. Les problèmes surgissent lorsque les partenaires ne s'aident pas mutuellement à élaborer une nouvelle identité et un code moral personnels. Une fois l'idylle fanée, le sexe perd sa signification symbolique et l'alliance entre les partenaires devient désuète.

Arrivés à ce point, les partenaires dirigent l'un contre l'autre l'énergie physique et mentale avec laquelle ils attaquaient les valeurs traditionnelles. La relation du couple se détériore et les partenaires se cherchent des poux, comme l'illustre le cas suivant.

Marthe, une statisticienne de vingt-deux ans, vint nous consulter parce qu'elle était profondément malheureuse. Elle entretenait avec son petit ami des relations extrêmement tumultueuses. Or, ce dernier voulait l'épouser et elle était tentée d'accepter, même si elle sentait que ce serait pure folie puisqu'ils étaient comme chien et chat.

Elle était convaincue qu'ils s'aimaient, mais ne comprenait pas leur constante mésentente. Elle considérait comme une preuve de leur amour le fait qu'ils revenaient toujours l'un vers l'autre. (En fait, cela prouvait plutôt leur dépendance inconsciente.)

Lorsque nous encourageâmes Marthe à examiner sa relation de plus près, elle n'y trouva rien de valable, pas de tendresse mutuelle et peu d'exemples de comportements aimants. Luc la maltraitait fréquemment, mais elle se sentait incapable de le laisser. Elle le décrivait comme une personne froide, au-dessus de ses affaires, qui savait réfléchir et arriver à ses fins.

Une étude des antécédents de Marthe nous apprit que celle-ci avait connu Luc pendant sa première année d'université. Celui-ci l'avait littéralement séduite par son attitude indépendante et arrogante. Comme l'affirma Marthe: «J'aimais sa façon de voir à travers les choses et de ne pas accepter n'importe quoi sous prétexte qu'un expert en avait parlé en bien... Il peut faire une analyse critique de tout et de tout le monde.» Malheureusement, une fois la nouveauté du sexe émoussée, Luc avait exercé son esprit critique contre elle, et leur relation était devenue un enfer. Marthe était incapable de renoncer à Luc malgré les exhortations de ses amis qui considéraient celui-ci comme un mufle intelligent mais infantile.

En thérapie, Marthe comprit qu'elle était dépendante de Luc et non amoureuse de lui. Plus jeune, elle avait voulu s'affranchir de sa «famille rétrograde», mais elle n'avait jamais élaboré ses propres valeurs. Elle avait connu Luc au moment où elle commençait tout juste à établir sa propre identité; au lieu de continuer à exploiter ses propres ressources, elle lui avait passé les commandes et elle avait fini par le laisser penser pour elle.

Afin de pouvoir renoncer à Luc, il lui faudrait s'attaquer d'abord aux «valeurs réactionnaires» de sa famille et définir son propre code moral. Cette perspective l'effrayait mais, grâce à la thérapie, elle réussit à passer au travers.

Les cas ci-dessus illustrent trois points importants.

En premier lieu, les relations orageuses truffées de séparations et de réconciliations sont habituellement l'indice d'une dépendance mutuelle des partenaires. En général, les réconciliations à répétition ont peu à voir avec l'amour. Les partenaires sont simplement incapables de rompre une relation qu'ils savent épouvantable.

En deuxième lieu, chacun doit élaborer son propre code moral par rapport au sexe. Nous avons deux choix dans la vie: ou nous acceptons tout de go ce qu'on nous a enseigné sur le sexe ou nous analysons soigneusement cet enseignement et élaborons nos propres normes. Quoi qu'il en soit, nous devons nous conformer au code de notre choix ou souffrir dans nos relations intimes.

En troisième lieu, une personne rebelle ne tolère aucune restriction ni limitation. Or, aucune relation n'est exempte de restrictions, chaque partenaire s'engageant à assurer le bien-être de l'autre. Chacun sacrifie une partie de sa liberté pour le bien commun du couple. Lorsque des rebelles forment un couple, ces restrictions finissent par devenir la cible de leur révolte. Le conjoint devient un symbole de l'autorité parentale ou sociale à conquérir et à soumettre. Les chamailleries et les blâmes sont des problèmes secondaires. Le rebelle doit attaquer et anéantir son partenaire, devenu le nouveau symbole de la vieille autorité.

Bref, les rebelles sont incapables de former des relations égalitaires. Poussés à se battre contre des fantômes de leur passé, ils choisissent leur partenaire comme victime. Leur unique secours consiste à établir leur propre code moral et à le respecter. Ainsi, ils ne pourront pas se révolter contre leurs propres normes de vie.

Les personnes qui font l'amour dans un esprit de rébellion n'acceptent pas les normes de leurs parents, et ne possèdent pas non plus leur propre code. Elles sont condamnées à mener une vie sexuelle fondée sur le mépris d'une morale vieux jeu. (Au contraire des personnes affligées d'un sentiment de culpabilité qui acceptent les valeurs traditionnelles mais sont incapables de les respecter.)

Le trouble de l'adolescence

Les adolescents sont les victimes toutes désignées du sexe non sexuel, car l'aspect illicite ou défendu du sexe les attire pour bien des raisons. Ils se servent des rapports sexuels pour: 1) défier l'autorité établie; 2) prouver leur virilité ou leur féminité; 3) s'affirmer et définir leurs propres valeurs au lieu de se soumettre à leurs parents; 4) imiter leurs pairs; et 5) confirmer que les normes sociales établies sont irréalistes et sans valeur.

En réalité, les adolescents sont attirés par le sexe pour toutes les raisons non liées au sexe décrites dans ce livre. L'enchevêtrement de ces motifs, ainsi que la recherche d'une identité et les aspects biologiques naissants du sexe rendent les adolescents particulièrement enclins à faire l'amour pour des raisons autres que sexuelles. En outre, le fait que le sexe leur soit défendu crée en eux un autre motif non sexuel qui sous-tend leur comportement sexuel.

L'éternel adolescent

C'est l'attrait du fruit défendu qui pousse bien des adolescents à faire l'amour. Certains poursuivent cette provocation jusqu'à l'âge adulte en recherchant des rapports sexuels bizarres ou des liaisons en dehors du mariage, ou en pratiquant l'échangisme et le sexe de groupe. Cet attrait du fruit défendu les entraîne dans un certain nombre de relations destructrices comme l'illustrent les cas ci-dessous.

Marié depuis six ans, Paul était un avocat prospère, heureux et fier de ses trois enfants. Malgré cette situation en apparence idyllique, il avait pimenté sa vie conjugale de plusieurs aventures amoureuses. Certaines de ses maîtresses ne l'attiraient même pas physiquement. Il couchait simplement avec elles.

Cette manie, qui datait du début de son adolescence, l'avait porté à séduire entre autres l'une de ses professeurs, la femme du pasteur et une parente proche. Paul était incapable d'expliquer son comportement. Il vint nous consulter après avoir séduit sa belle-sœur. Une fois qu'il eut fini d'énumérer ses escapades, l'échange ci-dessous eut lieu.

Thérapeute: Voilà une liste très impressionnante.

Paul (rayonnant): En effet!

Thérapeute (le grondant): Vous devez en avoir du culot.

Paul (surpris): Pardon?

Thérapeute: Pour courir après certaines de ces femmes. Vous devez être très décidé et même carrément effronté.

Paul (souriant): Vous avez raison! Je le suis! (Emphatique et fier de lui) Cela m'aide dans mes affaires.

Thérapeute: Comment cela?

Paul: Je me charge des cas dont personne ne veut. Ceux que mon associé pense que nous devrions refuser ou qui sont impossibles à gagner haut la main. Je leur montre comment faire pleurer une roche. Ou encore, ils me défendent d'employer une certaine tactique qui risquerait de se retourner contre moi. (Donne un exemple.)

Thérapeute: Donc, vous réussissez de véritables tours de force. Comment faites-vous pour choisir vos cas ou votre tactique?

Paul: Eh bien, il semble que je contredise toujours mon associé. S'il dit noir, je dis blanc. Cela paraît illogique et peu sérieux, je suppose.

Thérapeute: Voyez-vous le lien entre cette attitude et votre succès auprès des femmes?

Paul: Grands dieux, non! Ma vie sexuelle n'a rien à voir

avec ma vie professionnelle. De plus, lorsqu'une femme me plaît, je la séduis, c'est tout.

Thérapeute: Oui, mais comment décidez-vous laquelle séduire en particulier? Vous avez reconnu vous-même que certaines femmes ne vous attirent même pas. (Railleur) Vous êtes sans doute prêt à baiser n'importe qui.

Paul (manifestement en colère, mais essayant de sourire): Diable non! J'excelle dans tout ce que je fais. Je séduis celle que je veux. J'ai eu des femmes que tout le monde savait intouchables. (Se penchant vers l'avant et pointant un doigt vers le thérapeute.) Montrez-moi une femme que vous croyez insaisissable et vous verrez bien! (D'un ton élevé et menaçant.) Personne ne me dit avec qui coucher ou que faire. Vous entendez? Pers... (Paul se rassoit, l'air embarrassé et boudeur. Il reste silencieux pendant deux minutes, puis lève les yeux.) Je suppose que l'accusation peut conclure sa plaidoirie.

Thérapeute: Je ne suis pas votre accusateur, mais j'ai l'impression que vous en avez combattu un toute votre vie. Contre qui vous battez-vous?

Paul comprit que sa vie sexuelle était une forme de révolte déguisée. En fait, il se battait contre son père qui n'avait cessé de lui mettre des bâtons dans les roues pour l'empêcher de réussir et de s'affirmer.

L'histoire de Paul est importante parce qu'elle illustre à la fois des rapports sexuels entièrement fondés sur la révolte et une façon de modifier ce comportement. Les rebelles doivent affronter émotionnellement la personne contre laquelle ils se révoltent, habituellement une ancienne figure d'autorité, presque toujours un parent.

Qu'arrive-t-il aux rebelles endurcis? S'ils ne touchent jamais le fond du problème, leur vie peut prendre deux tournures. Certains perdent tout plaisir à se battre et se désintéressent du sexe. Ils attribuent la diminution de leur plaisir aux outrages du temps plutôt qu'à la guerre incessante qu'ils ont menée jusque-là. D'autres se convertissent à la religion, et le sexe passe au second plan. Malheureusement, ces convertis deviennent autoritaires et répètent le même modèle de comportement avec leurs protégés. Le cycle se perpétue ainsi de lui-même d'une génération à l'autre.

Pourquoi continuons-nous à interdire le sexe et à le décrier? Le bon sens comme l'histoire ont démontré l'inefficacité de cette attitude. (Rappelez-vous l'époque de la prohibition.) La religion organisée essaie depuis des siècles d'abolir le sexe avant le mariage et en dehors de celui-ci. Pourtant on l'a expérimenté dans certaines cultures, même la mise à mort des contrevenants n'atténuait en rien l'intérêt des gens pour le sexe. Qu'on le veuille ou non, on ne peut légiférer sur la moralité. Le comportement défendu est tout simplement caché et les gens sont moins conscients du désir de révolte qui influence leur vie.

* * *

La meilleure façon d'empêcher cet emploi abusif du sexe consiste à enseigner aux jeunes la conscience et le respect de soi, et à prendre nous-mêmes conscience des influences non sexuelles sur notre vie sexuelle. (Les exercices proposés à la fin du chapitre sur la pression sociale et la culpabilité sont pertinents ici.) Les gens qui n'établissent pas leurs propres normes continueront à se révolter et à ignorer leurs propres besoins.

DEUXIÈME PARTIE

Comprendre le sexe non sexuel

19

Le comment du sexe
non sexuel

Comment se fait-il qu'une activité aussi simple et agréable que le sexe s'embarrasse d'un si grand nombre de besoins et de motifs non sexuels? Au fil des ans, nous apprenons à mal utiliser le sexe à travers deux processus fondamentaux: 1) le conditionnement, et 2) l'apprentissage par imitation.

Le conditionnement

Le conditionnement, la plus fondamentale de toutes les formes d'apprentissage, est l'association répétée de deux objets, idées, sentiments ou comportements jusqu'à ce que l'apparition de l'un évoque automatiquement l'autre.

Ainsi, chaque fois que tante Marie nous rend visite, elle apporte un cadeau à Philippe. Celui-ci apprend à associer tante Marie au plaisir de recevoir un présent. En fait, c'est le présent qui fait plaisir à Philippe, mais celui-ci croit que c'est tante Marie. Ainsi, il apprend à voir celle-ci comme la cause de son plaisir de même qu'il s'attend à recevoir un cadeau à chacune des visites de sa tante.

Supposons que tante Marie cesse d'apporter des cadeaux. Que se passe-t-il? Philippe est déçu. Les visites de tante Marie ne sont plus aussi agréables qu'avant! Si les présents constituaient le seul lien entre Philippe et tante Marie et que leur nombre diminue, alors Philippe se désintéresse de sa pauvre tante.

De la même façon, quatre formes différentes de conditionnement nous portent à associer le sexe à des besoins non sexuels: 1) le conditionnement visuel et imaginaire; 2) le conditionnement verbal; 3) le conditionnement effectif; et 4) l'apprentissage par imitation.

Le conditionnement visuel et imaginaire

Voyons comment le sexe et l'ennui s'enchevêtrent par le biais du conditionnement visuel et imaginaire. Réjean, seize ans, est désœuvré et se morfond. Il erre dans la maison et découvre quelques magazines érotiques qu'il emporte dans sa chambre. En les feuilletant, il admire les photos et se met à rêvasser. Son ennui cède bientôt la place à l'excitation sexuelle et la nature suit son cours.

Dans cet exemple, le sexe a servi à dissiper l'ennui de Réjean. La prochaine fois qu'il s'embêtera, devinez ce qu'il fera. S'il prend l'habitude d'agir ainsi, plus tard, il voudra faire l'amour avec sa femme chaque fois qu'il s'ennuiera.

Ce modèle de comportement entraîne des conséquences graves. Le sexe ne peut pas satisfaire entièrement nos besoins non sexuels, soit le distraire de son ennui dans le cas de Réjean. Celui-ci risque fort de se sentir frustré et d'imputer sa frustration à la qualité médiocre de ses rapports sexuels. De même que Philippe s'est désintéressé de tante Marie, Réjean se détournera quelque peu du sexe. On ne s'accroche pas à une chose qui nous frustre.

Voici un autre exemple de cela. Réjean vient d'avoir une prise de bec avec ses parents. Cette fois-ci, il est en colère. Il se réfugie dans sa chambre où il boude et fulmine. Il se met à feuilleter les magazines érotiques et peu à peu, sa colère fait place à l'excitation. C'est ainsi qu'il apprend à se servir du sexe pour affronter sa colère.

Il pourrait aussi s'en servir pour affronter n'importe quel sentiment ou problème. S'il a recours aux mazagines érotiques lorsqu'il est triste, il se sert du sexe pour éviter la dépression. S'il se sert des fantasmes sexuels pour apaiser son sentiment de solitude ou sa mélancolie, il apprend encore une fois à mal utiliser le sexe. Dans chaque cas, les stimuli sexuels et les fantasmes sont associés à un sentiment, et ces associations répétées le conditionnent à employer le sexe d'une manière abusive.

Le conditionnement verbal

Le conditionnement peut également se produire au niveau verbal. Ainsi, au lieu d'apporter un présent à chacune de ses visites, tante Marie peut se contenter de faire des commentaires flatteurs à Philippe, tels que «Comme tu es beau dans ce pantalon». Philippe subira le même conditionnement et associera son sentiment de bien-être avec tante Marie.

En quoi ce type de conditionnement s'applique-t-il au sexe? Il suffit de penser aux nombreuses émotions associées aux commentaires à caractère sexuel. En voici quelques exemples:

Colère:	Cette conne peut bien me sucer la bitte!
	Ce crétin peut bien me baiser le cul!
Affection:	Mmm, j'aimerais me blottir contre ses nénés.
	Je meurs d'envie de lui pincer les miches.
Humiliation:	Je mangerais sa merde juste pour pouvoir lui embrasser le cul (auto-humiliation).
	Je rêve de lui déchirer ses vêtements et de montrer ses trésors à tout le monde.
	Il est tellement bête au lit qu'il est incapable de trouver sa queue — ou ce qui lui en tient lieu.
Vengeance:	Je voudrais lui mettre ma bitte dans la face, à cette petite prétentieuse!

	Elle peut lécher la sueur de mes couilles (elle l'a trompé).
	S'il chante encore la pomme à une de mes amies, je lui mets la tête sous sa jupe jusqu'à ce qu'il en crève.
Solitude:	Je me fiche de ce qu'il cherche, il faut que je sorte. Tout plutôt que de rester à la maison.
	Embrasse-la à quelques reprises. Elle est difficile à dégeler.
Fuite de l'intimité:	Je m'en fous! Mets-lui un sac sur la tête!
	Une fois à l'envers, ils sont tous les mêmes! (Elles sont toutes les mêmes!)
	Tous les hommes sont pareils! (Toutes les femmes sont pareilles!)
	Je coucherais avec lui s'il me promettait de se fermer la gueule. Il est tellement ennuyeux!
Identité sexuelle:	Je vais lui montrer ce qu'est un bon amant (une bonne amante)!
	Ils (elles) n'ont encore rien vu!
	Je coucherais avec lui (elle) pour le seul plaisir de m'en vanter.
Sécurité:	Mets-lui-en plein la vue et il (elle) ne regardera plus personne d'autre.

Qu'y a-t-il de négatif dans ces commentaires? Rien en soi. Cependant, leur répétition nous encourage à considérer le sexe comme un outil de vengeance, d'humiliation, une manière d'affronter sa solitude, et ainsi de suite. Chaque fois que nous associons des émotions non sexuelles avec des images sexuelles, nous ouvrons la voie à un emploi abusif du sexe.

Le conditionnement effectif

Le conditionnement effectif se produit en général au sein d'une relation intime où chaque partenaire conditionne l'autre à se servir du sexe à des fins non sexuelles.

Un seul exemple suffira. Hubert revient du travail fatigué et malheureux. Chantal, sa femme, se montre avenante et tendre. Le couple fait l'amour, après quoi Hubert se sent mieux; il apprend à dissiper sa dépression au moyen du sexe. Quant à Chantal, elle comprend qu'elle peut chasser la tristesse de son mari en le gâtant sexuellement. En répétant ce modèle de comportement, le couple se conditionne à utiliser le sexe comme un rempart contre la dépression. Le lecteur trouvera tout au long de ce livre d'autres exemples de cette forme de conditionnement.

L'apprentissage par imitation

Enfin, nous apprenons à mal utiliser le sexe en observant les attitudes de nos proches (parents, camarades) et par le biais de la publicité. Examinons d'abord l'influence de nos parents.

Les attitudes de nos parents sont sans doute les plus puissants facteurs de conditionnement en ce qui touche nos sentiments et nos croyances à l'égard du sexe. Ces attitudes se reflètent tant dans les propos que dans les silences de nos parents au sujet du sexe. Ainsi, si ces derniers discutent du sexe d'une manière positive et ouverte, ils transmettent une attitude saine à leurs enfants. Par contre, s'ils considèrent ce sujet comme tabou, leurs enfants s'imaginent que le sexe est mal. Ceux-ci sont fortement influencés par ce qu'ils voient et entendent à la maison. Voici quelques exemples.

Si les parents ne s'embrassent jamais en dehors de la chambre à coucher, les enfants apprennent à voir le sexe comme la principale source d'affection. Si les parents règlent leurs différends sur l'oreiller, les enfants s'habituent à associer sexe et colère. S'ils considèrent le sexe comme dégoûtant ou immoral, les enfants apprennent à voir le sexe comme un outil d'humiliation.

Les parents transmettent leurs attitudes au sujet du sexe de multiples façons. Examinons les associations que peuvent faire les enfants lorsqu'un mari tapote les fesses de sa femme. Si elle sourit, les enfants comprennent que «le sexe est amusant», ce qui est très sain. Par contre, si elle est ennuyée, les enfants apprennent à associer sexe et colère. Si maman répond par un baiser, les enfants rapprochent sexe et affection, mais si elle est embarrassée, le sexe devient synonyme d'humiliation dans leur esprit.

En gros, les attitudes de nos parents nous prédisposent à voir et à utiliser le sexe comme eux. Réfléchissez aux points ci-dessous.

1. C'est la répétition d'une attitude précise qui exerce une forte influence sur l'enfant. Une seule association n'a aucun effet.
2. Les enfants n'adoptent pas automatiquement les attitudes des parents. Il existe un écart naturel entre les attitudes des différentes générations.
3. Vous n'avez pas à imiter vos parents en tout. Leurs exemples et leurs attitudes vous incitent à mal utiliser le sexe comme ils l'ont fait. Toutefois, vous pouvez éviter le piège en prenant conscience de la façon dont *leurs* attitudes influencent *votre* vie sexuelle.

Nos amis influencent également notre attitude à l'égard du sexe ainsi que notre comportement sexuel. Les adolescents sont particulièrement sensibles aux opinions, aux propos et aux comportements des autres. Ils éprouvent de nombreux besoins qui les rendent réceptifs à bien des préjugés populaires et à des emplois abusifs de la sexualité. Au fond, ils ont surtout besoin de se sentir acceptés et importants, et de savoir qu'ils peuvent apporter leur contribution à la société. Ils ont également besoin de s'affranchir de leurs parents, de découvrir leurs propres valeurs et le sens de leur vie, et d'affronter leur sexualité naissante.

C'est pourquoi les propos de leurs pairs et de ceux qui ont des rapports sexuels exercent une influence profonde sur leur comportement sexuel. Les adolescents qui sont incapables de distinguer leurs besoins sexuels de leurs besoins non sexuels sont clairement désavantagés, car ils sont victimes de leurs besoins non sexuels. Ils ont des rapports sexuels pour combler des besoins et des désirs tout à fait étrangers au sexe, soit:

- pour augmenter leur popularité;
- pour prouver qu'ils sont désirables, virils (ou féminines);
- pour profiter de la compagnie d'un ami compréhensif;
- pour sortir ou pour faire quelque chose;
- pour se révolter contre l'autorité parentale.

Bref, les adolescents font l'amour pour tous les motifs non sexuels mentionnés dans les chapitres précédents. Leur corps, leur esprit et leur personnalité sont en évolution. Ils sont plus vulnérables que les adultes, car ils ne possèdent pas l'harmonie intérieure qui vient avec l'âge et la maturité. Ils sont plus portés à imiter leurs camarades en ce qui a trait au sexe qu'à trouver leur propre voie. Il nous appartient de leur faire connaître les emplois abusifs possibles du sexe.

La télévision et le cinéma nous habituent aussi à associer nos besoins non sexuels avec le sexe. Les romans-feuilletons, par exemple, montrent ouvertement des couples qui font l'amour pour apaiser leur désespoir ou leur sentiment de solitude, pour gagner l'affection d'un tiers, pour se venger et pour bien d'autres motifs non sexuels. Nous voyons sans cesse, dans les films, des gens coucher ensemble pour tuer, pour obtenir des renseignements secrets ou pour faire du chantage. Le sexe pour le sexe est plutôt rare.

La publicité écrite et télévisée nous bombarde de sous-entendus qui associent le charme sexuel avec tout et rien, depuis la bière jusqu'au remplacement d'un silencieux. Inconsciemment, nous associons le sexe aux sentiments mis en relief par le produit et augmentons nos chances d'employer abusivement le sexe.

Enfin, la télévision et le cinéma contribuent à promouvoir les stéréotypes liés au sexe. Comme nous l'avons déjà mentionné, ces stéréotypes nous empêchent de jouir du sexe librement et spontanément. Nous finissons par faire l'amour avec une idée plutôt qu'avec une personne.

En résumé, nous avons tous appris certaines attitudes qui nous incitent à mal utiliser le sexe de multiples façons. Afin d'explorer le sexe à fond et de l'apprécier vraiment, nous devons d'abord réviser nos attitudes et nos croyances à son égard. Nous devons également examiner l'influence passée et présente des autres sur notre comportement sexuel. Enfin, nous devons déterminer comment nous perpétuons ces modèles de comportement inadéquats.

20

Le pourquoi du sexe
non sexuel

Dans le chapitre précédent, nous avons vu comment nous apprenons à mal employer le sexe à travers le conditionnement et l'imitation. Les psychologues behavioristes croient que pour conserver son efficacité, un conditionnement doit être renforcé occasionnellement ou du moins partiellement. Ainsi, si une personne fait l'amour pour apaiser sa colère, elle doit connaître un apaisement au moins partiel de ce sentiment à travers le sexe sinon, elle dissociera ces deux éléments.

Le sexe *réussit* à combler une partie de nos besoins non sexuels. En fait, c'est cette satisfaction partielle qui renforce notre emploi abusif du sexe. Comment cela se produit-il? Certains comportements sexuels peuvent assouvir des besoins sexuels et non sexuels. Ainsi, un baiser peut être affectueux ou sexuel; une morsure peut calmer notre colère ou notre tension sexuelle. Examinons ce phénomène de plus près.

Les sentiments non résolus

Les sentiments non résolus sont des sentiments et des besoins que nous avons réprimés faute de les extérioriser ou de les satisfaire au moment opportun. Les psychologues gestaltistes croient que ces sentiments ne s'évanouissent pas en fumée, mais qu'ils demeurent dans notre inconscient, attendant l'occasion de s'exprimer.

Ces sentiments refoulés faussent nos perceptions et colorent nos interactions. En effet, ils émergent lorsque nos défenses sont affaiblies, soit dans les situations similaires à celle qui les a créés. Plus la pression des sentiments non résolus est forte, plus ceux-ci ont de chances d'émerger dans des moments inopportuns.

À titre d'exemple, prenons le cas d'un homme extrêmement irascible. Cet homme a refoulé beaucoup de colère faute de l'exprimer au moment opportun. Cette colère réprimée crée en lui une pression qui cherche à s'échapper. À mesure que cette pression s'accroît, les perceptions de l'homme deviennent faussées; en conséquence, il voit des menaces là où il n'y en a pas et invective tout le monde. Si une personne lui offre son aide, il fulmine de nouveau. Bref, il va même jusqu'à inventer des raisons d'exploser et de libérer une partie de sa colère refoulée.

Il a la réputation d'être un rouspéteur instable, un éternel plaignant, un type hypersensible ou carrément méchant. Une fois sa colère libérée, il est plutôt calme et gentil, mais la plupart des gens gardent leurs distances et fuient tout contact intime ou prolongé avec lui. Ils le trouvent simplement trop imprévisible et ne veulent pas être victimes de sa colère qui éclate sans raison.

En fait, cet homme souffre des effets de sa colère réprimée. S'il pouvait la résoudre, il deviendrait une personne normale, au tempérament plutôt égal, et vivrait des relations personnelles plus satisfaisantes.

La colère réprimée de cet homme peut chercher à s'exprimer sexuellement par un mouvement de va-et-vient excessivement vigoureux, par des morsures, par des pincements ou par d'autres actes qui brisent le rythme naturel des relations sexuelles. L'homme passera pour un amant indélicat, brusque et extrêmement passionné.

Malheureusement, sa vigueur découle de son besoin d'exprimer sa colère et non sa sexualité. Or, en camouflant ce sentiment dans l'acte sexuel, il ne réussira pas à satisfaire ce besoin. Sa colère continuera de faire surface, alimentant sa réputation d'amant rude et peu attentionné. S'il exprimait ouvertement sa colère, il serait libre de se concentrer sur ses pulsions sexuelles et sa vie sexuelle s'améliorerait. Son comportement sexuel suivrait l'accroissement graduel de sa tension, et de l'ardeur effrénée des amants naîtraient des pulsions sexuelles intenses découlant de leur ouverture et de leur passion mutuelles.

Il en va ainsi pour tout sentiment non exprimé, qu'il s'agisse du besoin d'affection, du besoin de se sentir important, compétent, maître de soi ou à la hauteur. Tous ces sentiments s'immiscent dans la chambre à coucher, volant leur plaisir aux amants. Tout comportement sexuel guidé par ces besoins sera désynchronisé et non adapté à la tension sexuelle qui monte entre les partenaires. Lorsque le sentiment non réglé continue d'émerger pendant les rapports sexuels, il crée des problèmes et les partenaires finissent par se croire incompatibles.

Prenons le cas de Linda, une femme au foyer souffrant d'un sentiment d'insignifiance et d'incompétence qui, pour compenser, développa ses qualités d'amoureuse. Elle se montrait toujours très intense et passionnée envers Marc, son mari; elle était emportée par des pulsions sexuelles en apparence incontrôlables. Au début, son mari et elle appréciaient sa performance. Toutefois, il arrivait à Marc de souhaiter des rapports sexuels tendres et paisibles. Le zèle de Linda semblait alors déplacé et gâchait tous les efforts de Marc pour créer une atmosphère tendre et romantique. Linda voyait les tentatives de Marc comme un rejet de sa sexualité, et la pression qu'elle ressentait l'incitait à redoubler d'efforts, ce qui frustrait Marc encore plus. Ni l'un ni l'autre ne se sentait comblé après ces expériences dont la fréquence allait en augmentant.

Marc et Linda finirent par se croire sexuellement incompatibles et ils consultèrent un thérapeute. Au cours de la thérapie, Linda apprit à se sentir compétente à l'extérieur de la chambre à coucher et Marc, à exprimer ses besoins sexuels d'une manière plus directe et plus ouverte.

Trois éléments sont à considérer en ce qui concerne les sentiments refoulés. En premier lieu, ils sont très répandus car personne n'arrive à exprimer tous ses sentiments à mesure qu'ils sont ressentis. En deuxième lieu, plus nous réprimons nos sentiments, plus ils créent une pression en nous et risquent de surgir d'une manière inappropriée. En troisième lieu, ils cherchent à s'exprimer n'importe quand et n'importe où, y compris dans la chambre à coucher qui est, en fait, l'endroit idéal. Pourquoi?

Le comportement sexuel est une chaîne très complexe d'actes dont les rapports sexuels constituent le point culminant. Les maillons de la chaîne sont formés de gestes indépendants tels que les baisers, les caresses, les pincements et la pénétration. Ces gestes sont déjà associés au sexe ainsi qu'à de nombreux sentiments, besoins et motifs non sexuels (voir le tableau de la page 179). Ainsi, on peut associer la morsure amoureuse au sexe, à l'agressivité, au désir de vengeance, à la colère, au ressentiment ou à la faim; c'est pourquoi tout sentiment non résolu et relié à ces besoins peut faire surface pendant l'acte sexuel. Ainsi, si vous refoulez souvent votre colère, vous risquez de vous laisser emporter par vos morsures ou vos pincements et de blesser votre partenaire.

Le cas de Pierre est révélateur. Homme sincère, Pierre se vantait de ne jamais se quereller avec sa femme malgré leurs différences prononcées et le fait que certaines de ses habitudes le dérangeaient. Sa femme exprimait ses besoins et Pierre, «en vrai gentleman», s'inclinait. Au lit, cependant, il était très agressif et excessivement passionné. Une nuit, emporté par ses morsures, ses pincements et ses caresses, il battit littéralement sa femme.

Il s'agit certes là d'un exemple extrême; dans la plupart des cas, les besoins non sexuels ne surgissent pas d'une manière aussi évidente. Ils sont plutôt subtils et inconscients. Un léger conflit marquera les rapports sexuels du couple quand ses besoins sexuels et non sexuels ne sont pas satisfaits. En conséquence, aucun de ces besoins ne sera entièrement satisfait et après l'amour, les partenaires éprouveront de la frustration, de la tristesse ou une impression de manque, malgré des rouages sexuels bien huilés. Le cas de Gisèle illustre bien ce phénomène.

Son patron ayant excessivement critiqué son exposé financier devant le conseil, Gisèle était en colère, mais elle n'arrivait pas à exprimer ce sentiment d'une manière significative. Elle ravala sa fierté et essaya de passer l'éponge.

À la suite de cet incident, ses rapports sexuels devinrent très frustrants. Son partenaire était doué et Gisèle se montrait très énergique, «plus que d'habitude même». C'est pourquoi elle n'arrivait pas à expliquer sa frustration. «J'ai l'impression que je me retiens, que je ne peux pas me laisser aller.» Son partenaire était confus, lui aussi. À son avis, Gisèle faisait preuve d'un excellent mélange de dynamisme et de passivité.

En fait, le sentiment non résolu de Gisèle s'était immiscé dans sa vie sexuelle. Sa colère et ses besoins sexuels rivalisaient pour obtenir satisfaction. Gisèle se sentait *sexuellement* frustrée et croyait retenir ses pulsions *sexuelles* parce qu'elle n'était consciente que de ses besoins sexuels. En fait, elle retenait ses impulsions agressives. Son corps cherchait à se concentrer sur le sexe, mais son sentiment irrésolu émettait des pulsions rivales. Son corps était partagé entre exprimer sa colère violemment et avoir des rapports sexuels. Gisèle devait garder le couvercle très serré sur sa colère afin de compléter l'acte sexuel. Peut-on alors s'étonner que sa sexualité ne l'ait pas satisfaite?

En résumé, ce sont nos premiers conditionnements qui nous enseignent à satisfaire nos besoins non sexuels à travers le sexe, et ce sont nos sentiments irrésolus qui, en émergeant pendant l'acte sexuel, perpétuent ce cycle. Le sexe est toujours décevant lorsque notre corps et notre esprit essaient de satisfaire simultanément deux besoins rivaux.

Tous les comportements énumérés dans le Tableau I, à la page 179, peuvent servir à nous faire plaisir ou à combler notre partenaire, ou les deux. Dans chaque cas, le motif caché peut être sexuel ou non sexuel; tout comportement sexuel peut découler de plusieurs motifs ou besoins.

Rappelez-vous d'abord que le même comportement, embrasser ou lécher par exemple, peut avoir bien des significations différentes. Lécher une aisselle peut signifier tout autre chose que lécher un lobe d'oreille, des lèvres ou un anus, ou encore des orteils.

Ensuite, un comportement donné ne possède pas automatiquement une signification non sexuelle. Les gestes ci-dessous peuvent stimuler ou combler des besoins sexuels ou non sexuels. En général, les besoins non sexuels passent au second plan pendant l'acte sexuel. C'est lorsqu'ils demeurent en première ligne qu'ils nous volent une partie de notre plaisir sexuel.

Plusieurs raisons font que le sexe permet d'exprimer une aussi vaste gamme de besoins émotionnels. Premièrement, l'acte sexuel est une activité fondamentale qui n'exige aucune réflexion. Deuxièmement, dans le feu de la passion, nos inhibitions tombent et nos sensations physiques prennent le dessus. Nos sentiments irrésolus ont alors la partie belle puisque nos défenses sont affaiblies. La troisième raison, décisive, a trait au fait qu'il est facile d'associer les divers comportements sexuels avec des besoins non sexuels, comme l'illustre le Tableau I. Pour tout dire, la chambre à coucher est l'endroit idéal pour exprimer toutes sortes de sentiments, motifs et besoins réprimés.

En réalité, nous sommes tous vaguement conscients des motifs non sexuels qui peuvent sous-tendre notre comportement sexuel. Ainsi, nous décrivons nos amants en fonction des gestes qu'ils préfèrent. Un amant tendre qui affectionne les baisers est un amant affectueux; un amant qui déploie une activité frénétique est passionné; un autre qui se montre brusque et violent dans ses caresses est qualifié d'amant agressif. Il nous vient rarement à l'esprit que des motifs non sexuels peuvent être à l'origine de ces préférences. Ainsi, l'amant rude est peut-être une personne colérique et agressive.

TABLEAU I

BESOINS NON SEXUELS POUVANT ÊTRE ASSOCIÉS AU COMPORTEMENT SEXUEL

Comportement	*Motifs, besoins et désirs pouvant être associés au comportement*
Toucher	Les caresses peuvent être: • douces (désir de témoigner son affection ou de rassurer l'autre); • timides (désir d'être rassuré); • brusques (expression de colère); • audacieuses (désir de prouver sa domination); • violentes (désir d'effrayer ou de soumettre).
Baiser	Les baisers peuvent servir à: • prouver son respect ou son amour; • consoler; • apaiser la colère; • rassurer; • exprimer sa tendresse ou sa complicité; • cacher son sentiment de solitude et sa peur; • stimuler sa passion. Un baiser peut également être condescendant (baiser sur le front accompagné d'une caresse sur la tête) ou humiliant (baiser forcé).
Se dévêtir	On peut se dévêtir: • pour embarrasser ou humilier quelqu'un; • pour forcer quelqu'un à voir ce qu'il préférerait ne pas voir;

TABLEAU I (suite)

	• pour s'affirmer; • pour être complimenté ou réconforté; On peut dévêtir quelqu'un: • par passion sexuelle; • pour avoir des rapports sexuels; • par colère; • par provocation; • pour blesser ou humilier; • par peur; • pour soumettre.
Caresser Masser Pincer	On peut adopter ces comportements: • pour aider son partenaire et lui plaire; • pour faire souffrir; • pour assurer son pouvoir et sa domination; • par désespoir, pour s'accrocher à l'autre; On peut se laisser toucher: • parce qu'on se sent seul ou servile; • parce qu'on se sent impuissant ou maltraité; • pour se faire plaisir.
Pénétrer	On peut pénétrer sa partenaire: • pour explorer; • pour donner du plaisir; • par désir d'intimité; • pour soumettre ou dominer; • pour humilier ou violer; • pour blesser; • par colère; • pour vérifier sa sexualité.
Va-et-vient	On peut effectuer un mouvement de va-et-vient: • énergique en raison de son ardeur sexuelle; • violent par colère ou haine; • timide par peur; • motivé par la joie ou l'extase; • désespéré par besoin de s'accrocher; • sauvage pour se laisser aller; • soumis pour se laisser dominer ou pour s'évader.

L'amant affectueux peut être une personne dépendante ou privée d'affection.

Certes, toutes les personnes qui manifestent une préférence marquée pour certains comportements sexuels ne pratiquent pas le sexe non sexuel. Toutefois, une préférence excessive alliée à la frustration sexuelle indique la présence de motifs non sexuels.

Le sexe offre en effet de multiples occasions aux désirs non sexuels de faire surface. Il est probable qu'une personne incapable d'extérioriser ses émotions à l'extérieur de la chambre à coucher les exprimera indirectement par le biais du sexe. Or, ces manifestations indirectes sont rarement satisfaisantes. Le soulagement procuré par le sexe est minime et le besoin refait sans cesse surface, empiétant chaque fois sur le plaisir sexuel de la personne.

Donc, la question qu'on doit se poser n'est pas «Est-il possible d'employer le sexe d'une manière abusive?» mais bien «Est-il possible de ne pas employer le sexe abusivement?» La réponse est oui, c'est possible, mais il faut pour cela être conscient de tous ses besoins, sexuels et non sexuels. Nous devons veiller à combler nos besoins non sexuels ailleurs que dans le sexe de sorte qu'ils passent au second plan pendant les rapports amoureux. C'est alors seulement que nos besoins sexuels prennent toute leur ampleur et que nous pouvons récolter notre pleine mesure de plaisir sexuel.

21

Les dangers du sexe
non sexuel

Vous vous demandez sans doute ce qu'il y a de mal à faire
l'amour pour des motifs cachés et non sexuels. «Peut-être que
ma vie sexuelle n'est pas parfaite, et puis après?», direz-
vous.

Si la diminution du plaisir était le seul problème causé par
l'utilisation du sexe pour des motifs non sexuels, vous auriez
raison de penser ainsi. Cependant, le sexe non sexuel entraîne d'autres problèmes qui touchent l'individu, le couple, sa
relation *et* sa vie sexuelle. Pour commencer, examinons trois
influences importantes des motifs non sexuels sur le sexe: 1)
diminution de la satisfaction et du plaisir sexuels; 2) perte
d'intérêt pour le sexe; 3) maturité sexuelle entravée.

Diminution de la satisfaction et du plaisir sexuels

Le corps et l'esprit ne peuvent pas se concentrer en même
temps sur la satisfaction de deux besoins non reliés. Lorsque
nous cherchons à satisfaire un besoin émotif non sexuel à travers le sexe, notre plaisir physique diminue inévitablement.
Malheureusement, nous attribuons cette baisse au sexe parce
que nous ne sommes pas conscients de nos autres besoins.
Nous sommes portés à douter de notre capacité sexuelle ou
de celle de notre partenaire.

Comme nous l'avons déjà dit, nous devons apprendre à chercher à l'extérieur de la chambre à coucher la véritable cause de cette diminution du plaisir. En nous blâmant ou en blâmant notre partenaire, nous ne faisons qu'aggraver notre anxiété par rapport au sexe ce qui réduit davantage notre plaisir. On ne peut pleinement jouir du sexe si on doute de sa propre compétence.

Perte d'intérêt pour le sexe

Lorsque des motifs non sexuels empiètent sur notre vie sexuelle, notre intérêt pour le sexe décroît tant à court qu'à long terme. Examinons d'abord les conséquences immédiates de ce phénomène. L'une des pierres de touche du behaviorisme est que plus un acte nous procure du plaisir, plus nous sommes portés à le répéter; l'inverse est aussi vrai. En conséquence, lorsque des motifs inconscients diminuent notre plaisir sexuel, nous sommes moins portés à saisir les occasions de faire l'amour. (Ce qui ne menace pas pour autant l'humanité d'extinction!)

Certes, même lorsqu'il est pratiqué à des fins non sexuelles, l'acte sexuel est agréable et quelques expériences médiocres ne suffiront sans doute pas à nous en dégoûter pour de bon, mais nous y prendrons un intérêt moindre. Il est normal de se détourner des activités qui ne nous procurent pas le plaisir ou la satisfaction escomptée. Cette perte d'intérêt à court terme passe souvent inaperçue au milieu d'une panoplie d'excuses toutes faites (mal de tête, mal de dos, travail, pas envie) que nous acceptons comme des obstacles normaux et temporaires au sexe.

Ce n'est que lorsque notre relation vieillit et que nos excuses deviennent plus fréquentes que nous prenons conscience de notre manque d'enthousiasme pour le sexe. Si nous sommes courageux, nous comprendrons que nos excuses sont en fait *des rationalisations de notre passion sexuelle déclinante*. Si nous persistons à nier la vérité, nous prétexterons notre âge pour expliquer notre perte d'intérêt («Nous faisons l'amour ensemble depuis dix ans. C'est normal que cela devienne moins passionnant.»)

Les couples dans cette situation se contentent de rapports sexuels hebdomadaires ou mensuels, trouvant tout naturel que le plaisir et la nouveauté du sexe s'émoussent au fil des ans. En réalité, plus nous acquérons d'expérience et de confiance, plus le sexe devrait être intense, enivrant et satisfaisant. Notre enthousiasme envers le sexe devrait croître et persister même au crépuscule de notre vie. Il est donc inacceptable d'attribuer automatiquement une baisse de son appétit sexuel à l'âge de sa relation. Cette baisse résulte plus probablement de l'empiétement de motifs non sexuels sur la vie sexuelle des partenaires. Car lorsque le sexe est libre de tout motif non sexuel, la passion demeure aussi forte tant que l'appareil physiologique fonctionne.

Ceux qui se servent du sexe pour assouvir des besoins non sexuels ne sont jamais comblés après l'amour et, se croyant incapables de trouver le plaisir sexuel, ils finissent par y renoncer. En fait, ils devraient cesser d'essayer de calmer leurs besoins émotifs par le biais du sexe.

Voyons le cas de ce «presque» client de trente-quatre ans qui vint nous consulter parce qu'il était *certain* de souffrir d'un problème grave lié au sexe. Il ignorait ce qui clochait mais il ne se croyait pas normal parce qu'il n'arrivait pas à suivre le rythme sexuel de son père. Il raconta l'incident suivant à ses auditeurs abasourdis.

«Ma femme et moi étions en visite chez mes parents, tous deux à la retraite. Après le dîner, mon père et moi passâmes au salon où ma femme vint nous servir des digestifs. Mon père fit un commentaire admiratif sur le caractère sexy de sa robe et sur son généreux derrière. Elle rit et dit pour le taquiner: «Écoutez-moi ce vieil étalon. Je vous croyais trop vieux pour remarquer ce genre de détails.»

«Mon père sourit et rétorqua: «Oh! C'est encore drôle. Ne laisse pas les plumes grises te tromper sur le vieux jars. Je suis aussi actif que ton jeune bouc.»

«Michelle et moi avons parié dix dollars que mon vieux père ne faisait pas l'amour plus souvent que nous. Comme nous croyions dépasser la moyenne nationale, nous ne pouvions pas perdre. En déposant l'argent sur la table, Michelle engagea mon père à dire la vérité car elle vérifierait ses dires auprès de maman. «Je sais qu'elle dira la vérité, l'avertit-elle, car elle n'a pas d'ego mâle à protéger.»

«Pour ma part, je prenais tout cela comme un jeu. Puis, mon père cria à ma mère qui se trouvait dans la cuisine: «Céleste! Quelle est la fréquence de nos rapports sexuels?»

«Après un long moment, elle répondit: «Tu veux que je le dise tout haut? Quelle sorte de conversation avez-vous là?»

«Mon père répliqua: «Dis-le-leur, ma chérie, je t'expliquerai plus tard.»

«Nous entendîmes alors la réponse suivante prononcée d'une voix timide et à peine audible: «Eh bien, le mois dernier comptait trente jours, nous avons fait l'amour trente fois. (Silence) *Au moins!*»

«Peu nous importait à Michelle et à moi de perdre dix dollars, mais nous n'en croyions pas nos oreilles. Quand nous l'avons dit à maman, elle a rétorqué: «Nous sommes assez vieux, mais ton père est très (rougissant) habile. De plus, à mon âge, on s'amuse tant qu'on peut. Qui sait combien de temps cela va durer?»

Il faut regarder la réalité en face. Lorsqu'une activité, *quelle qu'elle soit*, devient moins agréable, nous en réduisons la fréquence et finissons par l'abandonner complètement. Le sexe ne fait pas exception à cette règle. Nous hâtons ce processus lorsque nous laissons des motifs non sexuels s'immiscer dans notre vie sexuelle.

Maturité sexuelle entravée

La maturité sexuelle est une autre de ces expressions passe-partout qui peut signifier n'importe quoi depuis «fait de posséder un appareil sexuel qui fonctionne» jusqu'à «fait de savoir l'utiliser comme un professionnel». En fait, la maturité sexuelle n'est pas un état autant qu'une attitude ou un processus, un état en perpétuel devenir. Personne ne possède une maturité sexuelle parfaite, mais nous tendons tous vers elle. La maturité sexuelle ne nous est pas donnée en même temps que nos poils pubiens ou que notre mariage. C'est un processus à long terme qui exige du temps, des efforts, de l'énergie et, par-dessus tout, de la réflexion et une conscience de soi. Elle implique une volonté de réfléchir sur ses comportements sexuels en regard de ses besoins, de sa personnalité, de ses réactions et de ses sentiments ainsi que de ceux de son partenaire.

Par-dessus tout, elle exige une volonté d'explorer, de se fixer des buts, d'élargir ses horizons et d'expérimenter à fond le caractère illimité du sexe. Elle demande que nous établissions nos propres zones de confort, nos limites et nos fréquences et que nous formulions nos propres jugements à propos de chaque expérience. Elle signifie également que nous acceptons la responsabilité de notre plaisir et de notre croissance sexuelle.

Réfléchissez: notre définition de la maturité sexuelle ressemble à celle que lui donnent les psychologues dans d'autres domaines. Ainsi, les personnes douées d'une certaine maturité émotionnelle, intellectuelle ou spirituelle sont conscientes d'elles-mêmes, elles courent des risques afin de se connaître, elles formulent leurs propres jugements, se fixent des buts afin de développer leur potentiel, et ainsi de suite. Nous devons explorer et expérimenter tous ces aspects à fond afin de grandir et de réaliser notre potentiel. Pourquoi devrait-il en être autrement en ce qui touche notre nature sexuelle?

En fait, le sexe *ne* devrait *pas* constituer une exception et nous devons en explorer toutes les facettes en profondeur. Mais c'est impossible tant que des motifs non sexuels influencent notre comportement sexuel. Le premier pas vers la maturité sexuelle consiste à débarrasser le sexe des motifs non sexuels qui font de la sexualité humaine un iceberg dont nous n'explorons et n'apprécions que le dixième. Tant que des besoins non sexuels empêchent notre vraie sexualité de voir le jour, nous ne connaîtrons jamais la pleine intensité et la totalité des plaisirs inhérents à notre nature sexuelle.

Conséquences pour le couple

Le sexe non sexuel influence les couples engagés dans des relations à long terme 1) en empêchant leur croissance émotionnelle; 2) en créant une distance entre les partenaires; 3) en suscitant de la jalousie et du ressentiment dans le couple; et 4) en empêchant toute exploration et toute croissance sexuelle.

Il empêche la croissance émotionnelle des partenaires

Les personnes douées d'une grande maturité émotionnelle sont capables de reconnaître leurs besoins et de les satisfaire. Pour atteindre ce degré de maturité, il faut d'abord prendre conscience de ses besoins, puis apprendre à les exprimer ouvertement et, enfin, chercher des solutions efficaces et satisfaisantes à ses problèmes.

Or, les partenaires qui utilisent le sexe pour assouvir leurs besoins non sexuels court-circuitent ce processus de croissance. Leurs besoins émotionnels et leur comportement sexuel demeurent enchevêtrés et ils se heurtent sans cesse aux mêmes difficultés. Ils ne développent pas les aptitudes nécessaires pour régler leurs problèmes émotionnels, qui émergent alors dans la chambre à coucher, et leur relation demeure à un stade infantile.

Cela ne signifie pas que le couple ne grandit pas, mais plutôt que sa relation est boiteuse, c'est-à-dire intime et sage sous certains aspects, tout en demeurant distante, égocentrique et infantile sous d'autres. Bien des exemples présentés dans ce livre mettent en relief de telles relations.

Il crée une distance

Le sexe non sexuel est un obstacle à l'intimité de deux façons. Premièrement, toute expérience agréable et partagée
rapproche les participants. Par contre, lorsque des arrière-
pensées ou des motifs inconscients envahissent ces moments
privilégiés, les partenaires en tirent un plaisir moindre parce
qu'ils évitent tout contact intime. Pensez aux déjeuners
d'affaires: les convives, nourrissant de multiples arrière-
pensées, n'apprécient souvent ni la nourriture ni la compagnie
des autres. Il en va de même lorsque le sexe est guidé par des
motifs non sexuels. Une expérience agréable en soi perd une
grande partie de son pouvoir de rapprochement. Un des partenaires, ou les deux, se sent frustré et évite d'exprimer ses
sentiments et ses inquiétudes; ce faisant, il crée une distance
entre lui et son conjoint.

Deuxièmement, le fait d'affronter leurs vrais problèmes,
besoins ou conflits et d'y trouver des solutions satisfaisantes rapproche les partenaires. Or, lorsque les partenaires
utilisent le sexe pour des motifs non sexuels, ces problèmes, besoins et conflits sont camouflés de sorte qu'ils ne
peuvent ni les partager ni les résoudre. Chaque partenaire
demeure alors aux prises avec ses besoins non exprimés et
se sent isolé faute d'établir un contact émotionnel solide
avec son conjoint.

Il suscite de la jalousie et du ressentiment

La jalousie, un effet secondaire courant du sexe non
sexuel, apparaît le plus souvent lorsqu'un des partenaires
cache de nombreux besoins non sexuels tandis que l'autre en
est relativement exempt. Le premier se désintéresse du sexe
et jalouse le plaisir de son conjoint. Les partenaires se querellent sur la question de savoir qui est le plus travailleur et
qui devrait faire plaisir à l'autre. Bientôt, ils font face à deux
problèmes: la jalousie, qui apparaît comme le problème soi-

disant lié au sexe, et le problème émotionnel toujours inconscient. Mais les difficultés ne s'arrêtent pas là.

Le partenaire qui n'a presque pas de besoins non sexuels non satisfaits commence à en vouloir à l'autre, surtout si ce dernier réprime un sentiment de colère ou d'humiliation, ou fuit l'intimité. Dans ce cas, le partenaire plus sain se sent utilisé, maltraité ou incompétent.

Même lorsque les deux partenaires cherchent à combler des besoins non sexuels à travers le sexe, ils sont aptes à éprouver de la jalousie et du ressentiment qui leur causeront des problèmes supplémentaires. Deux personnes n'utiliseront pas le sexe de la même façon ni pour les mêmes motifs non sexuels. Si l'un des partenaires apprécie les rapports sexuels, l'autre les dédaignera probablement, et vice versa; de même, si l'un des partenaires est satisfait, l'autre se sentira utilisé ou maltraité. La seule vraie solution consiste à régler le problème en tant que couple. (Nous verrons l'importance de cela dans le chapitre consacré à la thérapie.)

Il empêche l'exploration et la croissance sexuelles

Lorsque des besoins non sexuels s'immiscent dans la chambre à coucher, ils freinent l'exploration sexuelle des partenaires pour deux raisons principales:

1. Les besoins non sexuels empêchent les sentiments, les pulsions et les besoins sexuels des partenaires de se manifester pleinement. En effet, comme ils drainent leur attention et leur énergie, les partenaires ne peuvent pas explorer leurs pulsions sexuelles ni les laisser s'épanouir dans toute leur diversité.

Lorsque nous persistons à pratiquer le sexe non sexuel, notre nature sexuelle reste inexploitée et méconnue. Nous ne touchons jamais la véritable profondeur de la sexualité humaine. Nous sous-estimons le sexe et accusons d'exagération les rares personnes qui affirment atteindre l'extase.

2. La seconde raison, et la plus importante, a trait au fait que l'exploration sexuelle est risquée. Or, plus le sexe est agréable et satisfaisant, plus il est facile de courir des risques. Pourquoi? Parce que si on essuie un échec alors qu'on est comblé sexuellement, ce n'est pas catastrophique. Par contre, si le sexe nous procure peu de plaisir (sexe non sexuel), alors tout échec est un désastre.

On pourrait croire que le contraire soit vrai: face à un plaisir aussi minime, pourquoi ne pas courir le risque de trouver mieux? Parce qu'il est humain de choisir la sécurité. Prenons le cas du petit salarié. Ses seuls plaisirs dans la vie sont sa caisse de bière hebdomadaire et ses deux semaines de vacances en Floride. Or, il n'est pas prêt à renoncer à ceux-ci ni à courir le risque de trouver un meilleur emploi, même s'il contient la promesse d'un avenir meilleur. La bière et les vacances sont des certitudes pour lui. Pas l'avenir.

De même que les gens pauvres ne courent pas de risques financiers, les couples sexuellement frustrés évitent de courir des risques sur le plan sexuel. Dans leur souci de préserver le peu qu'ils possèdent, ils exagèrent leur problème et sont persuadés qu'un échec leur fera tout perdre. En conséquence, l'aspect sexuel de leur relation demeure inexploré et leur plaisir, minimal.

En effet, le sexe non sexuel crée une relation pseudosexuelle. La vie sexuelle des conjoints est fondée non pas sur le sexe en tant que source de plaisir et d'exploration mutuelle, mais sur un besoin névrotique qui sous-tend leur comportement sexuel. Ils manquent le bateau du plaisir et de l'intimité, et ne connaissent jamais leurs vrais besoins émotionnels et sexuels.

Conséquences pour les personnes seules

Les personnes seules seront peut-être tentées de dire: «Pourquoi m'inquiéterais-je à propos des motifs cachés qui sous-tendent nos relations sexuelles? Je suis bien trop occupé à me payer du bon temps!» Ces personnes auraient intérêt à se rappeler que les gens mariés ont déjà été célibataires, et que c'est précisément cette attitude inconsciente qui créera des problèmes dans leur future relation. La plupart des gens tiennent le sexe pour acquis sans jamais se soucier de réfléchir sur leur vie sexuelle ou sur leurs croyances à propos du sexe. (Ironiquement, si ce qu'on ignore ne fait pas mal, pourquoi tant de gens sont-ils mécontents de leurs rapports sexuels? Pourquoi les livres sur le sexe sont-ils si populaires?)

Qu'une personne soit mariée ou célibataire, le sexe non sexuel entraîne des conséquences graves. Comme elles sont similaires à celles dont souffre le couple, nous nous contenterons ici de les résumer.

Croissance sexuelle court-circuitée

On ne peut pas apprendre à jouir pleinement du sexe lorsque son comportement sexuel est fondé sur des besoins non sexuels. En outre, on n'est pas disposé à explorer sa nature sexuelle ni à courir des risques afin de grandir.

Croissance émotive retardée

Les personnes dotées d'une personnalité intégrée sont conscientes de leurs besoins émotionnels, elles les acceptent et apprennent à les satisfaire au contraire de celles qui se servent du sexe pour «combler» leurs besoins non sexuels. Celles-ci sont incapables de les intégrer à leur image de soi de sorte qu'elles demeurent littéralement étrangères à elles-mêmes.

Le sexe non sexuel crée une distance

Le sexe non sexuel rend difficile sinon impossible tout vrai contact émotionnel. Il crée une pseudo-relation fondée sur un besoin névrotique. Il peut également entraîner des mariages forcés ou prolonger une relation déséquilibrée qui devrait être rompue (voir le chapitre sur la révolte et le sexe).

En résumé, les conséquences du sexe non sexuel se répercutent bien au-delà de la chambre à coucher et peuvent influencer gravement tous les aspects de notre relation et de notre bien-être émotionnel. Il est téméraire de continuer à voir le sexe comme un simple acte agréable. Si nous tenons notre vie sexuelle pour acquise et n'y réfléchissons jamais, nous négligeons un aspect fondamental de notre nature. Nous nous privons de la possibilité d'exploiter pleinement notre potentiel sexuel, ainsi que de beaucoup de plaisir.

TROISIÈME PARTIE

Découvrir le sexe sexuel

22

À quoi ressemble
le sexe sexuel?

À quoi ressemble le sexe lorsque les motifs non sexuels sont exclus de la chambre à coucher? D'abord et avant tout, le sexe sexuel est beaucoup plus agréable qu'on ne peut l'imaginer et le plaisir sexuel semble multiplié par cent. Pensez aux meilleures relations sexuelles que vous ayez jamais eues! Votre partenaire était merveilleux; vous-même étiez fantastique; l'ambiance, le décor et le moment étaient parfaits. Le sexe sexuel, c'est tout cela et encore plus!

Dans le sexe sexuel, toute l'énergie et l'attention des partenaires tendent vers un même but: le bien-être. Aucun conflit ni besoin caché ne vient nuire au processus qui consiste à laisser couler son énergie sexuelle et à trouver le plaisir. Votre corps et votre esprit sont intégrés. Les rapports se passent de la façon la plus naturelle possible, sans le fardeau des motifs non sexuels.

Le sexe sexuel est plein de joyeuses contradictions. Vous vous sentez libre et maître de la situation tout en étant dépassé. C'est parce que vous êtes libre de toute influence non sexuelle que vous éprouvez une impression de liberté et de maîtrise de ce qui se passe. Vous avez des rapports sexuels quand vous voulez du sexe et non parce que vous êtes triste, que vous manquez d'affection ou que vous vous ennuyez.

Vous pouvez également vous sentir dérouté. En fait, une fois les rapports sexuels amorcés, à mesure que vos besoins sexuels chercheront à être comblés, vous vous sentirez emporté, noyé dans un déluge de sensations et de pulsions sexuelles, chacune vous apportant encore plus de plaisir. À chaque étape de l'acte sexuel, vous aurez l'impression que votre corps et votre esprit ont outrepassé leur capacité naturelle et spirituelle, et vous exploserez dans un paroxysme de délices. Votre corps se contractera et se détendra dans des spasmes de plaisir incontrôlables. Vous croirez avoir atteint les confins de l'univers, être allé au-delà de vous-même et de la réalité. Votre corps et votre esprit se fondront avec ceux de votre partenaire, chaque fibre musculaire et chaque terminaison nerveuse vibrant et se contractant de plaisir.

Bien sûr, il se peut que vous vous sentiez dépassé, mais à mesure que votre corps s'apaisera, un sentiment de plénitude, une joie tranquille, une merveilleuse satisfaction remplaceront graduellement le crescendo des spasmes. Lorsque vous et votre amoureux vous effondrerez dans les bras l'un de l'autre, chacun sentira le bonheur de l'autre car vous aurez vécu la même expérience.

Le sexe sexuel ne peut jamais être ennuyeux puisqu'il existe toujours une autre voie, une autre fibre nerveuse, une autre contraction musculaire, une nouvelle sensation, une nouvelle profondeur à atteindre. Chaque expérience ouvre une partie différente de l'esprit et du corps, tout en ajoutant de nouvelles dimensions à la relation. Votre corps comprend des milliards de cellules cérébrales, des milliers de kilomètres de fibres nerveuses et musculaires, chacune d'elles attendant d'être découverte. Voilà ce qu'est le sexe sexuel: l'exploration de l'infinie variété de vos sensations internes. Vous êtes maître de la situation parce que c'est vous qui décidez si vous voulez faire l'amour et quand. Une fois l'expérience amorcée, vous n'êtes plus aux commandes puisque vous vous laissez emporter par l'excitation et l'intensité de l'acte. Vous exprimez uniquement vos pulsions sexuelles, vous les laissez émerger et suivre leur rythme naturel.

Une fois l'acte terminé, vous restez étendu, émerveillé par le sexe, par vous-même et par votre partenaire. Vous éprouvez un profond sentiment d'intimité, d'unité et de paix qui provient du fait d'avoir pressenti la profondeur de votre être et celle d'un autre être humain. Vous avez l'impression d'avoir transcendé une limite, traversé une barrière, d'avoir pénétré plus profondément que jamais en vous-même. Vous avez effleuré des parties de vous et de votre partenaire dont vous ignoriez l'existence. Vous avez touché votre moi le plus intime, un moi invitant, passionnant et gai: vous avez découvert votre nature sexuelle. Explorez-la tout votre soûl.

Personne ne peut dire ce que le sexe sexuel vous apportera. Vous seul pouvez expérimenter les efforts conjoints de votre corps et de votre esprit en vue de vous combler sexuellement. L'expérience est différente pour chacun, mais ne craignez rien: si vous pratiquez le sexe sexuel, vous n'éprouverez aucun doute! Vous saurez que vous avez connu le sexe à son meilleur, libre de tout besoin non sexuel.

Comment y arriver

Le sexe sexuel est-il à la portée de tout le monde? Oui. Mais ne vous faites pas d'illusions. Se débarrasser de ses besoins non sexuels exige du temps, des efforts et du courage; du courage pour les affronter, et du travail et de la patience pour apprendre à les apaiser au moment opportun.

Une fois ce fardeau éliminé, il faut encore du courage car bien des amants sont déconcertés par l'intensité qu'acquiert le sexe. Ils ont tendance à être dépassés et quelque peu effrayés parce qu'ils n'ont jamais plongé ainsi dans leur sexualité. Toutefois, malgré cette angoisse initiale, la joie pure que leur procure l'expérience encourage la plupart d'entre eux à récidiver très vite. On entend souvent des commentaires comme ceux-ci:

«Quelle expérience! J'étais abasourdie. J'ai eu peur, je me suis sentie emportée. J'ignorais ce qui se passait. Je ne croyais pas que le sexe pouvait être aussi intense.»

«J'ignore au juste ce qui s'est passé. Ce sentiment ne cessait de s'amplifier comme si une immense vague m'emportait. J'étais tout à fait impuissant, je ne pouvais que me laisser aller. J'avais un peu peur, mais c'était absolument merveilleux. J'ai très hâte de recommencer.»

«Comment c'était? Un peu fou, un peu effrayant, très excitant et très intense. Il n'y a pas de mots pour décrire l'expérience, c'était sensas!»

«Je me suis sentie perdue après l'orgasme. Il fallait que je reprenne mes esprits. Je donnerais la lune pour que tous mes rapports sexuels soient aussi merveilleux, aussi intenses.»

«Vous voulez dire que cela peut se reproduire? Moi qui croyais avoir fait un gros pas en avant! Comme si je venais de sauter une sorte d'obstacle qui m'empêchait d'avoir des rapports sexuels adultes, ou quelque chose du genre.»

«J'avais l'impression que mon partenaire était une fusée humaine et que nous filions dans l'espace. Plus je sentais son feu et sa passion, plus nous allions vite. Je m'inquiétais de savoir si je reviendrais jamais sur Terre. Je n'ai jamais rien senti de semblable.»

«C'est impossible à décrire. C'était étrange, excitant et bizarre. J'ai eu l'impression de plonger dans un abîme obscur, en tournoyant et en respirant d'une manière saccadée. C'était terriblement excitant et effrayant. Puis, j'ai compris que je tombais en moi-même, dans mon propre esprit. Je n'ai pas d'autres mots pour décrire cette expérience.»

Toutes ces personnes sans exception vivent différentes expériences qui leur procurent un degré très élevé de plaisir et de satisfaction. Leurs attitudes et leurs sentiments à l'égard du sexe se transforment radicalement.

«J'ignore ce qui se passait au lit avant, mais ça ne pouvait pas être du sexe... Il n'y a aucune ressemblance entre maintenant et alors...»

«Auparavant, une fois sur vingt peut-être, le sexe était un vrai feu d'artifice. Maintenant, je parie que c'est huit ou dix fois sur vingt. Ma vie sexuelle est transformée.»

«C'est différent chaque fois. Une fois, j'ai eu l'impression que mon corps tout entier était un énorme cœur, battant et explosant dans des spasmes de plaisir. Une autre fois, je me suis vu comme une queue géante remplie de toutes ces merveilleuses sensations, à mesure que ma semence jaillissait... C'est tellement incroyable et fantastique...»

«Ni l'un ni l'autre ne pouvons expliquer vraiment ce que l'autre ressent, et pourtant nous le savons. C'est trop beau pour être vrai. Quelquefois, j'ai la bizarre impression que si je parle de cette expérience à quelqu'un, je la détruirai. C'est comme avoir un secret qu'on meurt d'envie de partager et pourtant je ne peux pas le partager puisqu'il change tout le temps.»

«Voilà une bonne question. J'éprouve toujours le même sentiment extraordinaire, mais le reste n'est jamais pareil. Je ne sais pas au juste. J'ai simplement l'impression d'aller à un endroit différent chaque fois malgré une certaine unité ou un dénominateur commun.»

«Je ne crains pas de faire l'amour aussi souvent que je le désire. J'avais l'habitude de me retenir par crainte de finir par me dégoûter du sexe. Maintenant, je sais que je me retenais parce que je m'ennuyais justement. En me forçant à faire l'amour moins souvent, je me donnais l'impression que c'était plus excitant.»

Outre des rapports sexuels améliorés, l'élimination du fardeau des motifs non sexuels entraîne d'autres récompenses. Voici les effets secondaires les plus courants accompagnés des observations de couples qui les ont ressentis.

Une relation améliorée

«Au début, j'étais persuadée que vous aviez tort. Je croyais en effet que si nous étions très affectueux l'un envers l'autre en dehors des relations sexuelles, le sexe deviendrait insignifiant et superficiel. Mais, au contraire, nos rapports sexuels se sont améliorés. Le plus extraordinaire, c'est que nous sommes plus tendres et plus gentils l'un envers l'autre en dehors du lit. C'est comme si nous connaissions une seconde et éternelle lune de miel.»

«Notre relation a changé du tout au tout. Nous avons cessé de nous chamailler et nous sommes moins agressifs. Nous sommes heureux, très heureux. Et nos relations sexuelles sont tellement meilleures.»

Croissance et découverte

«Les bienfaits sexuels à eux seuls en valaient la peine, mais je suis encore plus satisfait de moi-même. Je me sens en paix comme si je m'aimais pour la première fois. Je n'ai rien à prouver à personne, y compris à moi-même, au lit et en dehors du lit.»

«Je suis différent. Elle est différente. Ou peut-être nous sommes-nous simplement tournés vers des parties de nous-mêmes dont nous ignorions l'existence. Je crois que nous nous cachions beaucoup dans la chambre à coucher...»

«Croyez-le ou non, l'amélioration de nos rapports sexuels constitue le moindre des avantages pour nous. Depuis que nous n'essayons plus de fuir l'ennui dans le sexe, nous sommes transformés. Nous avons tellement de nouveaux intérêts et de nouvelles activités que nos amis ne nous reconnaissent plus. Ce qui est amusant toutefois, c'est que nous avons davantage de temps à consacrer au sexe, et non moins, comme nous le croyions.»

Une intimité accrue

«Maintenant que nous avons de vrais rapports sexuels, ou quel que soit le nom que vous leur donnez, nous sommes beaucoup plus intimes. J'ai l'impression d'avoir appris à connaître le vrai Jean (rire). C'est peut-être pour cela que je parle de vrais rapports sexuels. Jean se sent comme moi. C'est incroyable ce que nous avons manqué au lit et en dehors.»

«Nous réglons nos différends plus rapidement parce que nous affrontons les vrais problèmes. Nous ne comptons plus sur le sexe pour régler nos comptes. Nous nous connaissons bien mieux.»

«... Ouais, le sexe est beaucoup mieux. Et nous-mêmes aussi. Nous sommes plus proches. Nous nous connaissons mieux. Nous parlons avant d'aller au lit. C'est cela le plus agréable.»

Bref, le sexe sexuel est à la portée de tous, mais il exige des efforts. Il faut avoir le courage et la volonté d'explorer la nature ainsi que les besoins sexuels et non sexuels des deux partenaires. On doit y mettre du temps, des efforts, et accepter de se débarrasser du masque derrière lequel on se dissimulait. Les récompenses sont nombreuses et merveilleuses. Comme le démontrent les observations ci-dessus, la nette amélioration des rapports sexuels ne constitue qu'un début.

23

Évaluer sa vie sexuelle

À l'aide de ce chapitre, vous pouvez jouer un rôle important dans l'analyse de vos comportements et attitudes sexuels et émotionnels. Répondez aux questionnaires honnêtement et en gardant un esprit ouvert. Tout ce que vous risquez de perdre, c'est une vie sexuelle médiocre. Les questionnaires sont destinés à vous guider et non à juger de la qualité de votre vie sexuelle ni à remplacer une thérapie.

Afin d'optimiser sa croissance sexuelle, il faut séparer ses besoins sexuels de ses besoins non sexuels et chercher à combler ces derniers hors de la chambre à coucher. Les questions ci-dessous vous aideront à déterminer vos principaux besoins non sexuels qui ne sont pas assouvis indépendamment du sexe. Lisez chaque phrase et répondez-y spontanément par un oui ou par un non.

a) J'ai souvent l'impression d'être trompé(e).
b) En général, j'ai l'impression qu'on ne m'écoute pas.
c) J'ai de la difficulté à travailler avec d'autres personnes.
d) J'ai de la facilité à partager mes sentiments.
e) Je reçois suffisamment d'attention et de respect au travail.
f) J'ai tendance à éviter de me faire des amis.
g) Je suis facilement blessé(e) dans mes sentiments.
h) J'exprime ma colère au moment opportun.

i) Je reçois suffisamment d'attention de la part de mes amis.

j) J'ai l'impression que je ne peux pas me fier aux autres.

k) Je me sens isolé(e) au sein des groupes.

l) Il m'est facile d'exprimer ma peine et d'en discuter avec mon(ma) partenaire.

m) J'apprécie souvent ma solitude.

n) Je préfère cacher certaines de mes pensées et certains de mes désirs à mon(ma) partenaire.

o) Mon estime de moi est changeante et dépend de la sorte de commentaires que je reçois des autres.

p) Il y a des choses (passées ou présentes) que j'aimerais dire à certaines personnes, mais je n'y arrive pas.

q) Je suis capable de reconnaître que je me sens seul(e).

r) Ma famille m'accorde beaucoup d'attention.

s) Lorsque je me sens seul(e) ou que je m'ennuie, je recherche un contact physique et émotionnel.

t) C'est quand je domine la situation que je me sens le plus à l'aise.

u) J'adhère à des stéréotypes sexuels précis.

v) Je sais ce qui me rend conscient(e) de ma valeur.

w) Je suis responsable de la plupart de mes problèmes interpersonnels.

x) J'ai tendance à vouloir égayer les personnes tristes.

y) J'ai souvent une dent contre quelqu'un.

z) Les choses doivent se passer à ma façon.

Examinez vos réponses à la lumière des indices ci-dessous. Vous verrez lesquels de vos besoins émotionnels s'immiscent sans doute dans votre vie sexuelle.

1. Si vous avez répondu «oui» aux affirmations d, e, h, i, l, m, q, r et v, vous réussissez à combler la plupart de vos besoins non sexuels.

2. Si vous avez répondu «non» aux affirmations ci-dessous, alors un ou plusieurs des motifs non sexuels mentionnés pourraient empiéter sur votre vie sexuelle.

d, p Fuite de l'intimité

i, q, r, v Affection

m, q Ennui

e, i, r, v Dépression

e, i, l, r Jalousie

m, q Solitude

h, l, r Désir de vengeance

e, h, l Colère

h, r, v Avilissement

h, l Sentiment de culpa-
bilité

h, v Insécurité

e Révolte

e, i, r, v Piètre estime de
soi

3. Si vous avez répondu «oui» à un ou plusieurs des points ci-dessous, alors un ou plusieurs des motifs non sexuels mentionnés pourraient empiéter sur votre vie sexuelle.

f, j, k, n, u, x Fuite de l'intimité

k, s Affection

s Ennui

f, k, o, w Dépression

p, w Sentiment de culpa-
bilité

c, k Jalousie

a, b, c, k, z Révolte

b, g, o Piètre estime de soi

o, u Pression sociale

a, b, c, p Colère

w, x Désir de réparer des torts

a, t, z Désir de négocia-
tion

p, t, u, z Avilissement

f, s Refuge

n, u Identité sexuelle

a, f, g, j, k, n, o, s, z Insécurité

k, s Sentiment de soli-
tude

a, b, j, k, p Désir de vengeance

Si certains de vos besoins émotionnels ne sont pas comblés, il est probable qu'ils influencent votre vie sexuelle. Les questions ci-dessous vous aideront à déterminer à quel point ils nuisent à votre plaisir.

Répondez spontanément par un oui ou un non. Ne réfléchissez pas trop.

1) Ma vie sexuelle est exaltante.

2) J'ai souvent l'impression que quelque chose cloche dans le sexe.

3) À mon avis, le sexe devrait être plus agréable.

4) Je fais l'amour aussi souvent que je le désire.

5) Je ne suis pas assez sexuel(le).

6) Il m'arrive souvent de faire l'amour uniquement pour plaire à mon(ma) partenaire.

7) Il m'arrive de feindre l'orgasme.

8) J'ai de la difficulté à atteindre l'orgasme.

9) Je dois me retenir pour ne pas jouir trop tôt.

10) J'attends que mon(ma) partenaire jouisse d'abord.

11) J'aime mon corps.

12) Je crois que je suis attirant(e).

13) Je crois que j'attire les membres du sexe opposé.

14) Il m'est facile de parler aux membres du sexe opposé.

15) Ma nudité ne me gêne pas.

16) J'ai des rapports sexuels seulement la nuit.

17) Je réserve mes rapports sexuels à la chambre à coucher.

18) Je fais régulièrement l'amour dans la même position.

19) Mon(ma) partenaire peut prévoir mes gestes.

20) Mon(ma) partenaire me traiterait d'amant(e) timide.

21) Mon(ma) partenaire me traiterait d'amant(e) excessivement passionné(e).

22) Il m'arrive souvent d'avoir des fantasmes pendant les rapports sexuels.

23) Il m'arrive de rire pendant les rapports sexuels.

24) Il m'arrive de faire l'amour même lorsque je n'en ai pas envie.

25) Il m'arrive de me forcer à faire l'amour.

26) Je parle à mon(ma) partenaire après l'amour.

27) Il m'arrive de faire l'amour après une dispute.

28) Souvent, je fais l'amour à défaut d'autre chose.

1. Si vous avez répondu «oui» aux points 1, 4, 11, 12, 13, 14, 15, 23 et 26, alors peu de motifs non sexuels empiètent sur votre vie sexuelle.

2. Si vous avez répondu «oui» aux autres questions ou «non» aux questions ci-dessus, cela indique que des mo-

tifs non sexuels diminuent votre plaisir ou votre satisfaction, ou les deux. Plus le nombre de vos réponses qui suivent ce modèle est élevé, plus la diminution est prononcée.

Vous savez maintenant quels motifs non sexuels pourraient influencer votre comportement sexuel et à quel degré ils nuisent à votre plaisir. La prochaine étape consiste à découvrir comment ces besoins insatisfaits s'introduisent dans votre vie sexuelle.

Commencez par examiner votre comportement au lit. Divisez-le suivant les catégories suivantes: 1) ce qui vous excite, 2) les préliminaires, 3) les fantasmes, 4) les moments d'intimité après les rapports. Réfléchissez à chacun de ces points en recherchant la présence d'habitudes rigides, de modèles répétitifs ou de rituels qui, tous, révèlent la présence de besoins non sexuels insatisfaits dans la chambre à coucher. Les lignes directrices suivantes vous aideront à compléter votre analyse.

Qu'est-ce qui vous excite?

Les personnes saines peuvent être excitées par une variété de stimuli. Des limites excessives à cet égard sont généralement révélatrices d'un problème. Voici des exemples de celles-ci, accompagnés des besoins non sexuels qui ne sont sans doute pas comblés.

- Seuls les gros seins excitent l'homme: besoin de dépendance, de réconfort, piètre estime de soi.
- Le désir d'une personne n'est éveillé que par les grosses fesses: fuite de tout contact émotionnel ou mépris des interactions personnelles.
- Préférence marquée pour les personnes méchantes ou débraillées: piètre estime de soi, désir d'humilier ou agressivité réprimée.
- Choix de partenaires faibles ou ternes: désir de dominer, besoin de pouvoir ou manque de confiance ou d'estime personnelle.

- Choix de partenaires obèses: fort besoin de dépendance, désir de réconfort et d'affection ou désir de soumission.
- Attirance exclusive envers les femmes masculines ou les hommes féminins: identité sexuelle non résolue ou problème lié à la dépendance ou à la passivité.

En gros, votre choix de partenaires et d'objets familiers reflète votre personnalité. Des limites très étroites sont l'indice d'une personnalité refoulée, mais les personnes troublées par tout et rien peuvent aussi souffrir de graves problèmes. Les personnes saines réagissent à une variété de stimuli. Or, la différence entre ce qui est sain et ce qui est malsain réside dans la liberté de choix. Les personnes saines ne sont pas victimes de leurs impulsions ou d'une réaction physiologique. Elles sont conscientes de ce qui se passe et réagissent en fonction de leurs préférences et de celles de leur partenaire.

Les préliminaires

Ici encore, les personnes saines apprécient tout un éventail d'activités préliminaires. Les restrictions, les compulsions ou les rituels excessifs, dont voici quelques exemples, sont révélateurs de problèmes.

- Les rapports sexuels se résument à un déluge de baisers du début à la fin: besoins affectifs ou besoin de réconfort non comblés.
- Aucun prélude: hostilité, ressentiment ou fuite d'un engagement émotionnel.
- Langage vulgaire: désir d'humilier ou de blesser.
- Brusquerie: colère, agressivité, désir de blesser ou peur de la dépendance.

Les fantasmes

Certains psychologues et psychiatres sont d'avis que les fantasmes sont le signe d'une saine imagination. D'autres croient qu'ils atténuent le caractère immédiat et intime du sexe. En général, toutefois, les fantasmes indiquent un problème seulement lorsqu'ils deviennent compulsifs ou essentiels à l'amorce des rapports sexuels. Ils sont également nuisibles lorsqu'ils sont centrés sur un seul thème répétitif.

Voici quelques exemples de fantasmes ainsi que les motifs possibles qui les sous-tendent.

- Être regardé(e) par des tiers: puissant besoin d'être reconnu(e), besoin de tendresse ou besoin de confirmer son identité sexuelle.
- Observer son partenaire faire l'amour avec d'autres: tendances homosexuelles latentes, désir d'humilier ou d'être humilié(e), besoin d'être aimé(e).
- Avoir plusieurs partenaires: besoin de réconfort, piètre estime de soi ou problème d'identité sexuelle, besoin d'être aimé(e) et nourri(e) affectivement; peut aussi cacher de la colère envers l'autre sexe.
- Avoir des rapports sexuels avec des étrangers: fuite d'un contact émotionnel ou désir d'échapper à l'ennui ou à la solitude.
- Relations anales: fuite d'un contact émotionnel ou désir de blesser ou d'humilier.

Les moments d'intimité après l'amour

Les paroles et les gestes qui suivent immédiatement les rapports sexuels sont les indices les plus critiques de l'adaptation sexuelle d'une personne. Les émotions qui suivent l'acte sexuel indiquent si des motifs et des besoins non sexuels sont en jeu et lesquels. En lisant les exemples ci-dessous, rappelez-vous que tout le monde fait ces gestes à un moment donné. Recherchez l'habitude, le rituel ou la compulsion.

- Tourner tout de suite le dos à son partenaire et s'endormir: fuite d'un contact émotionnel, colère, désir de fuir son amant(e).
- Se quereller: colère latente, ressentiment, sentiment d'être utilisé(e) ou maltraité(e), lutte de pouvoir.
- Lire: tentative d'échapper à l'ennui, d'éviter un contact émotionnel, d'exprimer son insatisfaction ou de souligner la médiocrité d'une relation.
- Tourner le dos à son partenaire et lire un magazine à caractère sexuel: insatisfaction envers son(sa) partenaire ou désir d'humilier et de blesser.
- Se précipiter à la salle de bains pour se laver: sentiment de culpabilité, impression que le sexe est sale, sentiment d'être utilisé(e) ou fuite de l'intimité.
- Vouloir ou exiger sur-le-champ de nouveaux rapports: incertitude face à son identité sexuelle, besoin de réconfort, insatisfaction ou désir de dominer et de blesser.
- Songer aux tâches en suspens ou à son travail: utilisation du sexe pour fuir le stress ou l'ennui, sentiment de culpabilité ou piètre estime de soi.
- Songer à conquérir le monde: désir de se valoriser au moyen du sexe.
- Se sentir déprimé(e) ou triste: ce comportement dénote habituellement la présence d'un ou de plusieurs motifs non sexuels.

Les pensées les plus saines se rapportent à l'expérience que vous venez de vivre, à votre partenaire, à votre plaisir, à votre relation, à votre intimité, à votre sentiment de bien-être. De simples pensées heureuses, quoi.

En général, toute tentative de fuir un contact (dormir, quitter la pièce, lire, s'évader mentalement) indique une distance ou une répugnance à exprimer ses véritables sentiments. Lorsqu'un couple a une relation saine, les moments qui suivent les rapports sont centrés sur lui et prolongent le contact physique et émotionnel. Certains couples s'endorment l'un sur l'autre; d'autres restent collés l'un à l'autre et partagent leurs espoirs, leurs rêves et leurs fantasmes. C'est bon signe lorsque les partenaires discutent de leur expérience personnelle depuis un «C'était fantastique!» jusqu'à une exploration plus détaillée de l'expérience et des sensations uniques de chacun.

Lorsque le sexe n'est pas fantatisque

Même lorsque l'expérience n'a pas été fantastique, il est important d'en discuter. Toutefois, on peut facilement être entraîné dans un échange défensif qui risque d'aggraver la situation. Voici quelques suggestions qui vous aideront à éviter les chamailleries et maximiseront vos chances de trouver une solution pacifique à votre problème.

- N'accusez jamais votre partenaire de ne pas vous satisfaire.
- Le partenaire qui se sent déprimé devrait simplement exprimer ce qu'il ou elle a vécu.
- Les deux partenaires doivent explorer le problème et chercher des solutions ensemble.
- Ne croyez jamais au départ que quelque chose cloche en vous et ne vous blâmez pas si votre partenaire est insatisfait.
- Si l'un des partenaires manque de confiance en lui, mieux vaut remettre la discussion des points sensibles à plus tard. On préserve ainsi le caractère agréable de l'expérience pour le partenaire satisfait.

Pour terminer, il est bon de se rappeler qu'il n'existe pas de règles, de symboles ni de significations universels. La signification que prend un objet ou un comportement à vos yeux ne dépend que de VOUS! Les exemples des pages précédentes sont courants, mais ils ne s'appliquent pas à tout le monde. Vous seul en êtes juge. Personne, pas même un thérapeute, ne peut décoder votre expérience. Les exemples donnés dans ce livre sont destinés à susciter une réflextion sur divers aspects du sexe. Votre objectif consiste à séparer vos besoins émotionnels de vos besoins sexuels et à prévenir ainsi trois emplois abusifs du sexe: primo, comme panacée à vos besoins névrotiques; secundo, comme un dépotoir pour vos sentiments non résolus; tertio, comme une façon de combler les lacunes de votre vie. Dehors les névroses, vive l'extase sexuelle! Amusez-vous bien!

24

Comprendre la sexualité

Pour comprendre la sexualité humaine, il importe de définir et de distinguer certains concepts dont les plus importants sont plaisir et satisfaction. Le plaisir est ce qu'on ressent pendant une activité tandis que la satisfaction se rapporte aux sentiments qui suivent celle-ci. En général, un acte bien fait qui comble un besoin existant entraîne un haut degré de satisfaction. De même, un acte médiocre qui ne comble pas un besoin existant entraîne une satisfaction minime ou nulle.

Le plaisir et la satisfaction sont deux phénomènes différents qui peuvent être éprouvés indépendamment. Certaines activités hautement satisfaisantes nous procurent peu de plaisir. Par exemple, la nage, la course, l'élaboration d'un rapport peuvent prendre l'allure de corvées fastidieuses et douloureuses tout en nous procurant une grande satisfaction. Par ailleurs, certains actes comme manger un dessert trop riche ou regarder une comédie nous procurent un grand plaisir mais très peu de satisfaction.

Il en va de même pour le sexe. Bien que le plaisir et la satisfaction sexuels soient deux phénomènes tout à fait distincts, ils sont souvent mis dans le même sac. Cette erreur crée une certaine confusion et nous empêche d'examiner notre vie sexuelle d'une manière aussi détaillée qu'elle le mérite. Toute analyse du comportement sexuel doit se concentrer sur ces deux aspects, et commencer par une nette compréhension des effets de chacun d'eux.

Le *plaisir sexuel* se rapporte aux sensations physiologiques éprouvées pendant l'acte sexuel. Se toucher, s'embrasser, se caresser et se pénétrer, toutes ces activités créent des sentiments qu'on peut qualifier de sexuellement agréables.

La *satisfaction sexuelle* est ce qu'on éprouve après l'acte sexuel. Elle se produit à deux niveaux: au niveau physique et au niveau émotionnel. Physiquement, la satisfaction sexuelle résulte d'une libération de la tension sexuelle qui s'accumule pendant les préliminaires pour atteindre un paroxysme juste avant l'orgasme. Lorsqu'une accumulation adéquate de tension est suivie par un relâchement complet, on ressent une grande satisfaction sexuelle et physique.

Les rapports sexuels sont également suivis d'une réaction émotionnelle. On se sent bien ou mal, frustré ou content. En l'absence de tout motif non sexuel, on n'éprouve que des sentiments positifs après le sexe. On se sent joyeux, comblé, détendu, proche de l'autre, paisible, et ainsi de suite. Par contre, si les rapports sexuels sont guidés par des motifs non sexuels, les «émotions post-sexuelles» sont habituellement du type négatif: on se sent frustré ou insatisfait. En outre, on peut se sentir en colère, médiocre, humilié, embarrassé ou maltraité. Toutes sortes de sentiments négatifs peuvent surgir selon la sorte de motif non sexuel en jeu. En voici quelques exemples:

- Poussé par la colère, votre partenaire s'est montré excessivement agressif. Vous vous sentez insatisfait, maltraité, en colère ou blessé après les rapports sexuels.
- Vous faites l'amour alors que vous manquez d'affection. Après les rapports, vous vous sentez frustré, tenu pour acquis et éprouvez le sentiment d'un manque.

Dans les deux cas, ce que vous avez fait ou reçu ne correspondait ni à vos désirs ni à vos besoins.

Prenez conscience de vos sentiments pendant et après l'acte sexuel. Lorsque vous appréciez le sexe depuis les préliminaires jusqu'aux moments d'intimité qui suivent les rapports, les aspects physiques et émotionnels de vous-même sont en harmonie; votre moi émotionnel permet à votre moi physique de sentir pleinement ce qui se passe. Tout votre être tend vers le même but: la satisfaction et le plaisir sexuels. Votre tension sexuelle monte, vous éprouvez une libération complète et vous vous sentez comblé.

Lorsque votre comportement est guidé par des motifs non sexuels, les aspects physiques et émotionnels de votre être ne sont pas synchronisés. Votre corps et votre esprit vous tirent dans des directions opposées (sexuelle et non sexuelle), créant un conflit plutôt que d'intensifier votre tension et de la libérer. Ainsi, lorsqu'une personne fuit la solitude dans le sexe, les caresses, qui servent normalement à faire monter la tension sexuelle, visent plutôt à atténuer le sentiment de solitude. Au niveau physique, la personne veut du sexe, mais au niveau émotionnel, elle cherche à soulager son sentiment de solitude. Aucun de ces deux besoins ne sera complètement comblé, les besoins non sexuels ayant nui à l'accumulation de la tension sexuelle.

Prenons le cas d'une personne qui se sert du sexe pour exprimer sa colère. Jean avait eu plusieurs expériences sexuelles excellentes selon lui jusqu'au moment de l'orgasme: «Je me démène comme un diable, mais l'orgasme est toujours décevant... J'en tire peu de plaisir ou de satisfaction... Dernièrement, je me sentais comme si je n'avais pas fait l'amour du tout...» Sa femme, Johanne, trouvait leurs rapports sexuels fantastiques et qualifiait son mari d'amant très passionné. Elle aimait son mouvement énergique de va-et-vient, ses pincements et ses morsures. Dernièrement, toutefois, elle trouvait que Jean y allait un peu trop fort, mais elle hésitait à aborder ce sujet avec lui.

En fait, nous constatâmes que le comportement dynamique qui plaisait tant à sa femme reflétait en fait la colère de Jean face à «l'inaptitude de Johanne à gérer l'argent». En raison de cette colère, la tension de Jean montait d'une manière plus que satisfaisante, mais elle ne se relâchaît pas complètement. Jean ne semblait pas pouvoir se laisser aller tout à fait; mais que retenait-il au juste?

La retenue

Il existe deux causes principales d'une accumulation ou d'une libération incomplète de la tension sexuelle que les sexologues ont appelées le blocage et la retenue. Il est difficile de définir ces termes qui jouent un rôle critique dans la compréhension de la mésadaptation sexuelle. Dans ce livre, l'action de se retenir se rapporte à des sentiments, mais non à des sensations sexuelles. La personne retient ses pulsions non sexuelles pendant l'acte sexuel.

Prenons le cas de Jean. Celui-ci se servait du sexe pour libérer ses impulsions agressives. Sa retenue au moment de l'orgasme résultait de la répression de ces pulsions que le mouvement de va-et-vient parvenait presque à libérer. *Jean retenait sa colère et non ses pulsions sexuelles!* Il résistait à la tentation de rouer sa femme de coups, sinon il l'aurait probablement frappée de la même façon que Pierre avait battu sa femme (voir page 176).

Autrement dit, pendant la pénétration, le corps de Jean accumulait une tension découlant non pas d'un intense besoin sexuel, mais de sentiments de colère et de rage réprimés. Comme il lui apparaissait tout à fait inacceptable de battre sa femme, il devait retenir ses pulsions agressives. On comprend pourquoi Jean n'éprouvait aucun soulagement après l'orgasme. La tension découlant de sa colère refoulée n'était pas suffisamment relâchée. Elle demeurait latente, prête à refaire surface à chaque rapport sexuel. Une fois ce problème non lié au sexe résolu, Jean connut de nouveau la satisfaction sexuelle. Il n'avait plus besoin de retenir sa colère puisqu'elle avait disparu.

Le blocage

Parlons maintenant du blocage. Qu'est-ce que Jean cherche à bloquer au point d'être sexuellement frustré? Des sensations sexuelles? *Non!* Il bloque les sentiments ou besoins non sexuels qui cherchent à s'exprimer pendant l'acte sexuel. Il essaie de les empêcher de remonter à sa conscience. Le blocage et la retenue sont deux mécanismes de défense qui visent à maintenir les besoins, impulsions ou sentiments non sexuels à l'écart de l'acte sexuel. On parle de *blocage* lorsqu'on cherche à empêcher ses sentiments non sexuels de devenir conscients et de retenue lorsqu'on veut empêcher l'expression concrète de ces sentiments ou impulsions.

Pendant les préliminaires, Jean essayait de garder le couvercle (blocage) sur sa colère afin qu'elle n'inhibe pas son désir sexuel. Cela était relativement facile puisque son attention était centrée sur le corps de sa femme et sur la montée de son désir, mais à mesure que son ardeur sexuelle augmentait, Jean perdait le contrôle conscient de son agressivité. Pendant son furieux mouvement de va-et-vient, ses impulsions agressives manquaient d'exploser. Le corps de Jean était prêt à donner de violents coups. Comme ce comportement était inacceptable, Jean devait retenir non pas ses pulsions sexuelles, mais sa colère. Résultat: il demeurait insatisfait après l'orgasme et n'avait ni résolu ni libéré sa colère. Cependant, comme il n'était conscient que de son désir sexuel, il attribuait son insatisfaction à son incompétence.

Dans cet exemple, comme dans tous les autres, plus le besoin non sexuel est puissant, plus il nuit au sexe. En l'absence de tout motif non sexuel, il n'existe aucune ingérence dans le sexe et les partenaires connaissent un plaisir et une satisfaction complètes.

En somme, la satisfaction sexuelle est un phénomène à la fois physique et émotionnel. Elle est directement liée au degré d'harmonie entre les aspects émotionnel et physique de notre être pendant l'acte sexuel. Plus nous laissons des motifs ou des sentiments non sexuels s'immiscer dans notre vie sexuelle, moins nous éprouvons de plaisir et de satisfaction.

25

Redonner son sens
au sexe

Nous avons presque tous eu des expériences sexuelles fantastiques. Nous étions bien dans notre corps; l'ambiance était magnifique. Nous nous sentions comblés et en paix avec nous-même et avec notre partenaire. Le sexe peut être très excitant, extatique et absolument merveilleux. Trop souvent, toutefois, nous n'atteignons pas la sorte d'extase que nous savons possible.

Apprendre à être comblé sexuellement est une tâche complexe qui exige une conscience de soi et un examen approfondi de ses croyances et attitudes à l'égard du sexe. Voici deux croyances qui contribuent fortement à gâcher le plaisir sexuel et qu'il importe de clarifier: 1) confondre amour et sexe, et 2) distinguer sa personnalité d'amant du reste de son caractère.

Sexe et amour

Dans notre culture, amour et sexe sont étroitement associés. Nous avons tendance à croire qu'ils sont synonymes ou inhérents l'un à l'autre. En fait, ce sont deux phénomènes tout à fait distincts de par leur origine, leur fonction et leur objectif, comme l'illustre le Tableau II, à la page 223.

Il est important de distinguer sexe et amour car si nos besoins affectifs encombrent nos rapports sexuels, ceux-ci en souffriront inévitablement. Pourquoi?

- Le sexe ne peut pas apaiser nos besoins affectifs pas plus que l'amour ne peut calmer nos besoins sexuels, comme le démontre clairement le Tableau II. L'utilisation de l'un pour satisfaire l'autre crée des attentes impossibles à combler.
- Nous attendons de notre amoureux qu'il assouvisse de nombreux besoins autres que nos besoins sexuels. Si nous confondons amour et sexe, il est plus facile pour ces autres besoins de s'immiscer dans la chambre à coucher.
- L'amour n'est pas sexuel (en dépit de nos croyances culturelles ou religieuses). Les exigences non sexuelles comme l'affection, lorsqu'elles sont imposées au sexe inhibent le plaisir sexuel. Cela ne veut pas dire que l'amour en soi gâche le plaisir sexuel. En fait, il l'améliore souvent. C'est uniquement lorsque nous exigeons du sexe qu'il satisfasse nos besoins affectifs que les problèmes surgissent.

On peut résumer ainsi la philosophie relative au sexe sexuel et à l'amour exposée dans ce livre. Lorsqu'il s'inscrit dans une relation d'amour, le sexe sexuel est une poésie vivante, une œuvre d'art émanant du rythme des pulsions sexuelles qui s'entremêlent en cherchant une satisfaction mutuelle. Le sexe sexuel crée un lien et un sentiment d'intimité encore plus forts dans une relation d'amour. Nous atteignons de nouveaux niveaux de conscience et d'interdépendance et amorçons une croissance sexuelle encore plus poussée. Nous sommes satisfaits de nos découvertes tout en éprouvant le désir d'une intimité, d'une exploration et d'un attachement plus profonds; le désir d'une relation qui transcende la mécanique du sexe et nous permette de sentir la puissance et la profondeur d'une union sexuelle cimentée par l'amour et la tendresse. Nous connaissons aussi une intense quiétude, sachant que nos moi sexuels profonds se sont rejoints et se rejoindront encore et encore.

TABLEAU II

COMPARAISON ENTRE L'AMOUR ET LE SEXE

Le désir sexuel	L'amour
est hormonal	n'est pas biologique
est concret et exige un contact physique	est abstrait, émotionnel et n'exige pas de contact physique
naît au hasard (on peut en éprouver pour plusieurs personnes)	est sélectif - dirigé vers une ou quelques personnes
peut être éveillé par un parfait étranger	exige la connaissance préalable de la personne
n'est pas nécessairement associé à l'amour	ne s'accompagne pas nécessairement de désir sexuel
vise le relâchement de sa tension sexuelle	vise la croissance et l'intimité
est satisfait au moyen des relations sexuelles	est satisfait par le biais de l'affection et de l'intimité
peut être imposé	ne peut pas être imposé
disparaît lors de la défaillance des organes physiques	peut persister bien après la défaillance des organes physiques
est en général de courte durée	dure longtemps
commence à l'adolescence et se poursuit jusqu'à la dégénérescence physique	n'a rien à voir avec l'âge ni la condition physique
trouve satisfaction dans son propre corps	trouve satisfaction lorsqu'on se dépasse soi-même

Lorsque le sexe sexuel s'inscrit dans une relation affectueuse et intime, tout cela peut se passer. Cela ne signifie pas pour autant que sexe et amour sont synonymes, ou que l'un exclue l'autre, ni que l'amour soit essentiel au sexe sexuel. Les partenaires de toute relation, à long terme ou passagère, peuvent pratiquer le sexe sexuel, mais celui-ci atteint son apogée lorsqu'ils se connaissent bien et s'aiment tendrement. La tendresse et l'intimité ajoutent à l'intensité du sexe sexuel, qui est bien différent lorsqu'il est pratiqué avec un «étranger».

Vous vous demandez peut-être pourquoi le sexe semble superficiel et insignifiant sans amour. Il y a plusieurs raisons à cela.

La première, c'est que nombre d'entre nous ont appris que le sexe est sale, animal et vulgaire. L'amour est la béquille que nous utilisons afin de rendre le sexe digne et «propre». Nous oublions que c'est nous qui le considérons comme vulgaire de prime abord.

En conséquence, nous avons appris à nous sentir coupables de faire l'amour sans aimer. Or, rien ne détruit le plaisir et la satisfaction plus totalement que le sentiment de culpabilité (voir pages 83 à 92).

Troisièmement, la personne qui nous aime assouvit en nous de nombreux besoins non sexuels comme le besoin d'affection, de réconfort, de sécurité, et ainsi de suite, et ce faisant, elle acquiert une importance particulière à nos yeux. C'est pourquoi le sexe avec cette personne *semble* plus significatif et plus profond.

Quatrièmement, dans notre enfance et notre adolescence nous avons été conditionnés à associer sexe et amour. Il est normal, lorque nous trouvons l'un sans l'autre, d'être déçus et de trouver le sexe insignifiant.

Posez-vous la question suivante: Quelle signification et quelle profondeur le sexe est-il censé posséder? L'acte sexuel est un simple acte physique destiné à nous procurer du plaisir et à assurer la survie de notre espèce. Sa profondeur dépend de l'intensité avec laquelle nous voulons l'explorer, depuis les «petites vite» expédiées en une minute jusqu'à l'exploration mutuelle intensive (voir le chapitre consacré au sexe sexuel).

L'acte sexuel peut signifier tout ce qu'on veut, mais nous avons tendance à oublier que nous sommes justement ceux qui lui donnons une signification. Dire que l'acte sexuel est un acte d'amour n'est pas objectif. Cela crée de la confusion et des victimes.

Parmi les victimes les plus courantes, mentionnons les partenaires qui espèrent sauver une union chancelante et cimenter les liens de l'amour grâce au sexe. Cette attitude est vouée à l'échec. Les relations sexuelles du couple deviennent tendues et créent une nouvelle source de conflits, ce qui inflige souvent un coup mortel à une union qui aurait pu être sauvée.

Parmi les autres victimes, mentionnons les partenaires qui n'éprouvent plus de désir l'un pour l'autre, par exemple lorsqu'un des deux grossit et perd son attrait aux yeux de son conjoint. Au lieu de régler deux problèmes distincts, celui de l'amour et de l'attrait sexuel, les partenaires supposent que la fin du sexe signifie la fin de l'amour. Ils renoncent à leur relation avant d'avoir considéré toutes les solutions possibles. Souvent, ils restent ensemble sans rien résoudre, menant une vie malheureuse et frustrante. Le partenaire qui a grossi ne se sent pas aimé parce que son conjoint n'éprouve plus de désir pour lui; ce dernier interprète son excès de poids comme un manque d'affection («Si tu m'aimais, tu maigrirais. Tu aurais à cœur de rester attirant.»). Les véritables problèmes sont noyés.

Nous devons apprendre à dissocier l'amour du sexe et accepter les variations et les degrés qui caractérisent ces deux éléments. Certains partenaires qui ont des relations sexuelles s'aiment profondément, d'autres non. Certains couples qui s'aiment tendrement font l'amour souvent, d'autres à l'occasion et d'autres, jamais. Il est clair que l'amour peut exister sans le sexe tout comme le sexe peut exister sans amour. Nous pouvons apprécier l'un sans l'autre de même que nous pouvons apprécier les deux en même temps.

Distinguer amour et sexe ne signifie pas que nous *ne* devrions *pas* avoir de rapports sexuels avec notre amoureux, ni que nous *devrions* faire l'amour avec une personne que nous n'aimons pas. Cela signifie que les deux constituent des besoins distincts et que l'un peut nuire à la satisfaction de l'autre. Toutefois, cela se produit uniquement lorsque nous ne comprenons pas qu'ils sont indépendants l'un de l'autre.

En réalité, nous devons combler nos besoins sexuels indépendamment de nos autres besoins, mais pas nécessairement avec différentes personnes. Rien ne nous empêche de rechercher la satisfaction sexuelle avec la personne que nous aimons. Nous devons simplement prendre conscience de nos actes et cesser de blâmer le sexe pour notre insatisfaction face à l'amour et vice versa. De même, nous devons cesser d'utiliser l'un pour satisfaire les besoins qui relèvent de l'autre.

La personnalité de l'amant

Nombre d'entre nous croient qu'ils ont deux personnalités différentes dont l'une est confinée à la chambre à coucher. Nous croyons qu'en entrant dans la chambre à coucher, nous endossons une nouvelle personnalité, libérée des besoins, des doutes et des craintes qui nous assaillent hors de cette pièce. Cette croyance nous empêche de voir le lien entre nos besoins non sexuels et nos comportements sexuels, et de le rechercher.

Voici un exemple qui démontre la non-pertinence de cette croyance. Prenons le cas d'un cadre qui devient impuissant quelques jours avant la réunion du conseil d'administration. Il est clair que sa personnalité d'amant n'est pas aussi indépendante de l'autre qu'il le voudrait. La plupart des cas d'impuissance temporaire prouvent le lien puissant qui existe entre la situation de la personne hors de la chambre à coucher et son comportement sexuel. Il est stupide de croire que nous laissons automatiquement nos problèmes et nos soucis à la porte de la chambre à coucher. Il est possible de le faire, mais cela exige de la pratique et de la discipline.

Il est aussi bête de croire que nos besoins les plus importants, comme le besoin d'affection, de sécurité, de réconfort, de nous sentir importants et maîtres de la situation, disparaissent comme par magie à l'instant où nous sautons dans le lit. En fait, nous les transportons inconsciemment avec nous jusque sous les couvertures. Et tant que nous n'en sommes pas conscients, ils sont libres de créer des dommages et de nous voler notre plaisir et notre satisfaction. Tous les exemples décrits dans les chapitres sur les motifs non sexuels illustrent bien ce fait.

Le mythe selon lequel nous avons une personnalité différente dans le cadre de notre sexualité est si répandu et si nuisible que nous devrions en étudier l'origine. Les cas comme celui que nous présentons ci-dessous semblent corroborer son existence.

Claude vint nous consulter parce qu'il était désillusionné. Il venait d'épouser une jeune femme timide et respectable. «Je savais qu'elle était vierge avant de l'épouser», avoua-t-il. Après la lune de miel, il n'en était plus si sûr. En effet, Yvonne s'était transformée en une tigresse experte. D'affirmer Claude: «C'est une tout autre personne au lit. Elle ne ressemble pas du tout à la femme que j'ai épousée ou cru épouser. Je suis dérouté.»

Au cours de la thérapie, les conjoints apprirent à prendre en considération leurs besoins non sexuels et la façon dont ils pouvaient se créer une «personnalité d'amant». Ils comprirent que la timidité d'Yvonne faisait naître chez Claude un comportement affectueux et protecteur. En conséquence, les besoins d'affection et de sécurité d'Yvonne étaient amplement comblés en dehors de la chambre à coucher. Une fois au lit, elle était prête pour l'action après de brefs préliminaires. Or, Claude interprétait son impatience comme un signe d'expérience. Pour sa part, il avait besoin de temps pour acquérir de l'assurance, et la disponibilité d'Yvonne le choquait.

Thomas et Mado éprouvèrent un choc similaire. Mado était persuadée que Thomas avait une double personnalité. Avant le mariage, c'était une personne gentille et pleine d'égards. En fait, sa gentillesse attira Mado qui voyait en lui l'homme idéal. Après la cérémonie, toutefois, elle fit connaissance avec son autre moitié, «un maniaque sexuel sauvage et brutal».

Au cours de la thérapie, le vrai problème de Thomas apparut au grand jour: il doutait de sa virilité. Il se montrait gentil et plein d'égard envers Mado parce que cela l'aidait à se sentir comme un homme. Son comportement sexuel, bien qu'assez différent, visait également à prouver sa virilité. Il croyait que les vrais hommes étaient les maîtres de la chambre à coucher et se comportait en conséquence. Ces exemples montrent comment se perpétue le mythe selon lequel notre personnalité d'amant est indépendante de notre «autre» personnalité.

Un deuxième facteur qui contribue à perpétuer ce mythe tient au fait que nous confondons nos «rôles» avec notre personnalité. Nous jouons tous de nombreux rôles dans la vie: travailleur, parent, citoyen, etc. et nous n'endossons pas une personnalité distincte pour chaque rôle. Nous jouons plutôt chacun d'eux dans les limites de notre personnalité. C'est lorsque nous compartimentons nos rôles sans les intégrer dans un tout unifié que nous semblons posséder plusieurs personnalités.

Un troisième facteur a trait au fait que nous aimons tous nous voir comme des superstars dans la chambre à coucher, des amants sans faille. Afin de sauvegarder cette image, nous restons aveugles à nos défauts. Nous refusons de voir que nos besoins, nos faiblesses ou nos inquiétudes extérieures peuvent nuire à notre performance amoureuse.

Il est clair qu'il ne suffit pas de scruter sa vie sexuelle pour augmenter son niveau de conscience et du même coup sa satisfaction sexuelle. Il faut aussi se pencher sur sa personnalité, en particulier sur la façon dont on exprime et satisfait ses besoins émotionnels. On doit viser à prendre conscience de ces derniers, à les séparer de ses besoins sexuels et à les satisfaire indépendamment du sexe.

Cette division entre les besoins sexuels et non sexuels n'entraîne pas nécessairement une division de la personnalité. Elle indique la nécessité de développer la conscience des deux aspects et de satisfaire ses besoins non sexuels hors de la chambre à coucher afin d'alléger son corps et son esprit. C'est alors qu'on peut se concentrer sur ses besoins sexuels. Ainsi, si votre prochaine réunion du conseil vous inquiète, préparez-la avant de faire l'amour. Si vous vous sentez seul, comblez votre besoin d'amitié avant de sauter dans le lit. Si vous manquez d'affection, n'attendez pas le moment où vous vous dévêtez: demandez-en au moment où vous en sentez le besoin. C'est ainsi que ces besoins sont maintenus à un niveau minimal pendant l'amour. Le sexe ne devient pas un pseudo-remède pour tous nos besoins névrotiques ni le dépotoir de tous nos sentiments irrésolus.

En somme, nous devons franchir deux étapes vers la satisfaction sexuelle. D'abord, nous devons comprendre que la dynamique de notre personnalité entre en jeu dans la chambre à coucher comme en dehors. Ensuite, nous devons libérer le sexe de tout motif et de tout besoin non sexuel, nous débarrassant ainsi de tout le fardeau émotif qui nuit à notre plaisir sexuel. Il ne s'agit pas d'engager des rapports sexuels sauvages, mécaniques et froids, mais de ne pas utiliser le sexe pour combler les lacunes des autres aspects de notre vie.

26

Faire le point

Pour terminer, nous soulignerons deux points.

En premier lieu, la présence d'un motif non sexuel dans la chambre à coucher ne met pas nécessairement en danger votre vie sexuelle. Tout comportement humain repose sur plus d'un motif comme l'illustre l'analogie suivante.

Jean aime le tennis qui l'aide à garder sa ligne tout en lui procurant des amis et en l'aidant à libérer son agressivité. À mesure que sa compétence s'accroît, ce jeu satisfait aussi son besoin de se sentir qualifié et reconnu. Tous ces motifs et besoins peuvent influencer son jeu, mais il prend quand même plaisir à pratiquer ce sport. Toutefois, ce plaisir est à son maximum lorsqu'il joue simplement par plaisir. Plus les autres motifs deviennent prédominants, moins Jean éprouve de plaisir à jouer.

Supposons qu'aujourd'hui Jean ressente un fort besoin d'affirmer sa compétence et que ce motif guide son jeu. Il manque quelques coups et se fâche. Sa détermination s'accroît, mais il accumule les erreurs. Une fois la partie terminée, il se sent frustré et il ne s'est pas amusé autant que d'habitude. S'il réitérait ce modèle de comportement, Jean finirait par abandonner le tennis.

Il en est de même pour le sexe qui *peut* servir à exprimer l'amour et *peut* être une source d'amitié et d'affection. Il *peut* aussi améliorer l'identité sexuelle d'une personne et ouvrir la voie à l'intimité émotionnelle. Toutefois, ce sont tous là des sous-produits de l'acte sexuel. Tant qu'on se sert du sexe surtout pour satisfaire ses besoins sexuels, l'acte sexuel demeure agréable et satisfaisant. Plus nos besoins non sexuels deviennent prédominants et dirigent notre comportement sexuel, plus notre satisfaction diminue. Après le sexe, nous nous sentons comme Jean après sa joute de tennis: frustrés et insatisfaits. Si nous continuons de faire l'amour pour des motifs principalement non sexuels, nous finirons par nous désintéresser du sexe aussi sûrement que Jean abandonnera le tennis. En fait, lorsque nous recherchons les rapports sexuels uniquement pour combler un besoin d'intimité, d'affection ou de camaraderie, pour ne nommer que quelques motifs, nous employons abusivement le sexe. Notre plaisir et notre satisfaction diminuent et nous minons lentement notre capacité à apprécier le sexe.

En second lieu, ne supposez pas au départ que la vie sexuelle de tout un chacun est dominée par des motifs non sexuels. C'est sûrement le cas des couples qui ont des relations sexuelles médiocres, comme le prouvent certains exemples décrits dans les chapitres précédents. Toutefois, la plupart d'entre nous éprouvent divers besoins non sexuels qui s'immiscent à l'occasion dans leur chambre à coucher. C'est pourquoi il importe de prendre conscience des besoins non sexuels que nous ne réussissons pas à combler indépendamment du sexe afin de minimiser leur influence sur celui-ci et de maximiser notre plaisir et notre satisfaction. La meilleure façon de mener une vie sexuelle très satisfaisante consiste à s'assurer que notre vie *à l'extérieur* de la chambre à coucher est remplie et heureuse.

L'acte sexuel ne peut qu'ajouter à ce qui est déjà là, mais non le remplacer. Si on se sent bien dans sa peau et proche de son partenaire avant le sexe, on se sentira mieux et encore plus proche après. Si on ne s'aime pas, qu'on se sent loin de son partenaire ou en colère contre lui avant le sexe, on se sentira pire après. Le sexe ne peut pas effacer un sentiment de solitude ni combler tout autre besoin émotionnel. Il peut satisfaire des besoins sexuels, rien de plus.

Alors où en êtes-vous? Vous savez comment examiner votre vie sexuelle et connaissez une nouvelle façon de trouver la satisfaction sans mettre l'accent sur l'aspect technique du sexe. Nul besoin d'apprendre à vous tenir sur la tête, à vous désarticuler ni à devenir un athlète sexuel. Il vous suffit de réviser votre vie dans la chambre à coucher et à l'extérieur et de gratter un peu la surface. Vous n'avez absolument rien à perdre et tout à gagner.

Vous et votre partenaire serez les seuls juges de ce qui se passe dans l'intimité de votre chambre à coucher. De même, vous retirerez tous deux le bénéfice qui attend ceux qui sont prêts à scruter leur comportement sexuel. Quel bénéfice? Le sexe sexuel, des rapports plus agréables et plus satisfaisants que vous ne l'aviez jamais cru possible.

Annexe I

La thérapie du sexe non sexuel

Directives générales

La thérapie sexuelle moderne traite toujours l'aspect mécanique du sexe. Par le biais de la recherche sensorielle, de la déprogrammation ou de la reprogrammation, le couple apprend à mieux jouir en améliorant sa technique sexuelle. Ce traitement, qui obtient un taux de succès de 95 p. 100, est jugé révolutionnaire. Toutefois, nous nous demandons: qu'a-t-on guéri chez le couple?

Prenons l'exemple suivant. Un couple n'aime pas faire l'amour. Grâce aux conseils et aux méthodes d'un sexologue, il améliore sa technique et apprécie davantage le sexe. Cependant, le véritable problème est-il résolu? Probablement pas. Examinons l'analogie ci-dessous.

Martin, dix ans, souffre d'un complexe d'infériorité. Il a peu d'amis et les enfants du voisinage refusent de jouer avec lui. Lorsqu'on forme une équipe de baseball dans le quartier, Martin voudrait en faire partie mais il doute de ses aptitudes. Il déclare à son père qu'il n'aime pas vraiment le baseball.

Sentant que Martin aimerait ce jeu s'il jouait mieux, Papa le guide et l'entraîne. Martin s'améliore, admet qu'il aime jouer et s'inscrit dans l'équipe. Son problème est-il résolu? Si, pour vous, son problème consistait à être un joueur médiocre qui n'aimait pas jouer, alors il est résolu. Par contre, si vous voyez son problème comme un manque fondamental de confiance en soi, alors le problème est toujours là.

Il en est ainsi pour la thérapie axée sur le sexe. Si vous croyez que le problème des partenaires est relié à une technique inadéquate ou inefficace, une thérapie qui vise à améliorer leur performance connaîtra sans doute un taux de succès de 95 p. 100. Celle-ci repose sur la présomption que les couples font l'amour pour connaître le plaisir. Cela est certes raisonnable, et enseigner aux couples des techniques sexuelles susceptibles d'augmenter leur plaisir semble une façon logique de résoudre leur problème.

Toutefois, l'insatisfaction sexuelle de la plupart des couples ne peut être attribuée seulement à une technique déficiente. Un changement d'attitude est presque toujours plus efficace qu'un simple changement de procédé. Examinons l'exemple hyperbolique suivant.

Roger n'arrive pas à calmer sa faim. Il se plaint de ne jamais se sentir «plein» et n'aime pas manger. Appliquons la thérapie «technique» au problème de Roger. On mange parce qu'on a faim ou qu'on aime manger, ou les deux. Or, Roger est incapable de calmer sa faim et il n'aime pas manger. Donc, Roger ne sait sans doute pas bien manger. Expédions-le donc chez un thérapeute de l'alimentation.

Celui-ci lui prescrit un cours de cuisine pour gourmet, un cours d'étiquette et un groupe de primal axé sur l'alimentation (où il apprend à fourrager dans sa nourriture et à manger avec ses mains et ses pieds, à sa guise). Conséquence, Roger apprécie davantage la nourriture. Les aliments ont meilleur goût (du moins, quand il ne mange pas avec ses pieds), mais hélas! plusieurs mois après la thérapie, Roger se désintéresse à nouveau de la nourriture. Son compte bancaire est à sec en raison du prix élevé des aliments de gourmet. Il risque de perdre son emploi parce qu'il passe des heures à préparer des repas sophistiqués au lieu de travailler. Pire, il n'aime pas nettoyer après avoir fait la cuisine. Pauvre Roger! Il est de retour à la case zéro, en plus pauvre.

Roger aurait pu s'adresser à un clinicien perspicace qui aurait reconnu son vrai problème: il est déprimé et il cherche à combler des besoins tout à fait étrangers à la faim à travers la nourriture. Il l'aurait compris et aurait réglé son problème en trois à six mois. Roger apprécierait davantage non seulement sa nourriture, mais aussi tous les aspects de sa vie. Sa meilleure adaptation émotive le rendrait aussi plus productif au travail et sa vie sociale s'améliorerait.

Il est clair que cet exemple est exagéré et simplifié à outrance. Toutefois, il montre bien que le fait de «guérir» des problèmes liés au sexe en se fondant uniquement sur la technique ne réussit qu'à entailler le problème global. Le fait est que nous sommes persuadés que le but de l'acte sexuel est toujours de satisfaire nos besoins sexuels. Or, rien n'est plus faux, et des rapports sexuels insatisfaisants indiquent la présence de motifs non sexuels.

La thérapie axée sur le sexe non sexuel cherche à découvrir quels besoins ou motifs empiètent sur le plaisir et la satisfaction sexuels des partenaires. Pourquoi est-ce si important? Pourquoi ne pas chercher plutôt à améliorer le sexe et se contenter d'une amélioration? Il est important de découvrir ces motifs et besoins cachés pour deux raisons. La première, comme nous l'avons déjà dit, c'est que le fait de chercher à satisfaire ces besoins cachés diminue le plaisir sexuel. La seconde tient au fait que ces motifs cachés reflètent la présence de lacunes dans d'autres aspects de la relation.

Si une personne utilise le sexe comme moyen d'établir un contact émotif, soyez assuré qu'elle aura peu de liens vraiment intimes avec son partenaire hors de la chambre à coucher. De même, si elle se sert du sexe pour se sentir privilégiée et importante, c'est que ce besoin n'est pas comblé ailleurs. L'intimité et le sentiment d'importance devraient découler de l'unicité de la relation ainsi que du respect et de l'amour que se portent les partenaires, et non d'une bonne baise.

En se concentrant sur la technique sexuelle avant d'avoir démêlé ces besoins, on court-circuite le processus de maturation sexuelle et émotive. En effet, si un couple n'arrive pas à distinguer le sexuel du non-sexuel, il n'apprendra jamais les façons plus efficaces et moins infantiles de satisfaire ses besoins non sexuels. S'il continue à se servir du sexe à des fins non sexuelles, il ne peut pas explorer ni apprécier pleinement sa nature sexuelle. Il est condamné à réitérer un comportement insatisfaisant et son évolution sexuelle est stoppée à un niveau névrotique.

Le rôle du thérapeute devrait être d'aider les partenaires à découvrir les besoins cachés qu'ils essaient de combler à travers le sexe. Une fois ces besoins découverts, le couple peut apprendre à les satisfaire hors de la chambre à coucher. Une fois cette tâche accomplie, tout travail de formation axé sur la technique sexuelle sera cent fois plus efficace et le couple pourra connaître la véritable extase sexuelle.

Les causes multiples

La thérapie axée sur le sexe non sexuel peut devenir assez compliquée puisqu'elle n'est fondée sur aucune règle. Par ailleurs, tout thérapeute désirant utiliser cette approche devrait se rappeler les grandes lignes ci-dessous.

1. Un comportement sexuel peut être motivé par des besoins différents chez des personnes différentes. Ainsi, Alain, Suzanne et Paul avaient tous eu des aventures en dehors de leur couple. Alain cherchait à humilier sa femme qui le surpassait professionnellement tandis que Suzanne désirait prouver sa féminité. Pour sa part, Paul était animé par le désir de se venger du peu d'ardeur sexuelle de sa femme. D'autres motifs peuvent aussi jouer. Le thérapeute doit déterminer les besoins non sexuels de chaque per-

sonne ou de chaque couple et la façon dont ils influencent son comportement sexuel.

2. Un motif peut être assouvi par un certain nombre de comportements. Par exemple, on peut combler son désir d'humilier en recherchant des rapports sexuels bizarres, en visitant une prostituée ou en critiquant la technique de son partenaire pendant l'acte sexuel. Le cas d'Isabelle illustre bien ce point.

Isabelle vint nous consulter parce qu'elle se sentait sexuellement frustrée. Elle adorait les longs baisers passionnés ainsi que les rudes caresses. Elle aimait que son amant l'appelle «ma pute à moi». Son problème prenait la forme d'un insatiable désir d'être voulue et désirée. Comme elle le dit si bien: «Lorsque mon homme m'empoigne, je sais qu'il me veut vraiment. Plus ses baisers sont passionnés, plus je me sens unique. Et lorsqu'il dit que je suis sa pute, eh bien, je sais qu'il a besoin de moi.» Plus Isabelle prenait conscience de ses besoins non sexuels, plus elle était comblée sexuellement. Elle appréciait davantage ses rapports sexuels et se sentait moins sexuellement affamée.

3. Un comportement peut être fondé sur plusieurs motifs chez une même personne. Dans ce cas, il est important de comprendre *tous* les motifs. Le couple traverse habituellement une série de «guérisons» suivies de rechutes. Chaque fois qu'un motif est exposé au grand jour, le comportement inadéquat disparaît pour réapparaître aussitôt. La satisfaction sexuelle du couple décline alors jusqu'à la découverte d'autres motifs.

C'est ce modèle qui apparut dans le cas de Robert et de Laura. Ceux-ci s'adressèrent à nous parce que Robert avait eu une aventure. Robert affirma que cette aventure ne signifiait rien pour lui et qu'il était incapable d'expliquer son comportement. Marié depuis quatre ans, il se disait heureux.

Laura et lui semblaient éprouver beaucoup d'amour et un grand respect l'un pour l'autre.

Nous étions perplexes jusqu'à ce que les conjoints engagent la conversation ci-dessous, vers la fin de la deuxième séance de thérapie. Laura avait reçu l'ordre d'expliquer à Robert comment elle se sentait face à son aventure.

> *Laura:* Cela fait mal... cela a complètement détruit ma confiance en toi... Je ne pourrai plus jamais te faire confiance.
>
> *Robert:* Ah! Maintenant tu sais ce que j'ai ressenti lorsque j'ai appris ce que tu avais fait pendant tes années d'université.

À l'université, Laura avait eu des rapports sexuels avec plusieurs de ses anciens amis, mais elle n'en avait soufflé mot à Robert parce qu'elle jugeait que cela ne le concernait pas. Robert avait été blessé et fâché lorsqu'il avait été mis au courant. Il était vierge lorsqu'il s'était marié et il attendait la même chose de sa femme. Il avait été déçu et cherchait à se venger.

Une fois le problème exposé, la vie sexuelle du couple revint à la normale. La thérapie prit fin puisque le problème semblait résolu. Or, sept mois plus tard, le couple revenait nous consulter à la suite d'une seconde aventure de Robert.

Ce dernier était encore une fois incapable d'expliquer son comportement. Il n'avait pas agi par vengeance et le thérapeute était d'accord avec lui. En parlant de son aventure, il affirma qu'elle avait été très excitante, qu'il s'était senti comme un «étalon» pour la première fois de sa vie. Au cours des séances suivantes, il parla de sa timidité envers les femmes et admit qu'il avait voulu faire l'amour avant de se marier, mais que sa timidité l'en avait empêché. Il lui arrivait de se croire homosexuel parce qu'il était plus à l'aise en compagnie des hommes.

Robert travailla sur son identité sexuelle et acquit bientôt une grande confiance en lui. Laura et lui s'entendirent pour dire

que leurs rapports sexuels n'avaient jamais été aussi merveilleux. Robert avait presque terminé sa thérapie lorsqu'il appela
son thérapeute dans un moment de panique pour lui avouer
son irrésistible envie de séduire la meilleure amie de sa
femme. Le thérapeute décida de le voir seul (ce qui se fait rarement en thérapie axée sur le sexe non sexuel). Au cours de
la thérapie, il devint évident que cette aventure avait deux
objectifs. Primo, Robert était très jaloux de la sociabilité de
Laura. En effet, celle-ci se faisait facilement des amis qui
avaient une très haute opinion d'elle et lui téléphonaient souvent. Elle connaissait les antécédents, les aspirations et les
problèmes de tout un chacun. Secundo, Robert voulait
s'humilier (et humilier Laura aussi). Pour citer ses propres
paroles, «Jocelyne n'est même pas jolie. J'aurais même honte
d'avouer que j'ai couché avec une femme aussi...»

Le fait que Robert ait appelé son thérapeute afin de chercher à prévenir un problème indiquait les progrès énormes ac-
complis. Il poursuivit sa thérapie, parfois seul, parfois en compagnie de Laura. Il souffrait de problèmes profondément
ancrés en lui, tout à fait étrangers au sexe et qui, pourtant,
avaient fait surface dans sa vie sexuelle, la détruisant presque, ainsi que son mariage.

Son cas était long et compliqué, et la thérapie se poursuivit pendant deux ans. La mise au jour des problèmes non liés
au sexe de Robert eut de multiples effets. Cela lui permit de
grandir émotionnellement, ce qui entraîna une amélioration de
tous les aspects de sa relation. Aucune thérapie axée sur la
technique, eusse-t-elle duré des années, n'aurait produit les
mêmes résultats.

Dans les cas moins compliqués, on peut obtenir des résultats aussi efficaces dans un laps de temps moins long, comme
l'illustre l'histoire de Paulette. Âgée de vingt-quatre ans,
celle-ci vint nous consulter parce qu'elle souffrait d'herpès et
s'inquiétait. Elle avait couché avec plusieurs hommes au cours
des quelques derniers mois. Elle trouvait la vie citadine soli-
taire et les gens impersonnels. Elle semblait se servir du sexe

pour atténuer son sentiment de solitude. Lorsqu'elle apprit à apprivoiser sa solitude, son désir de courailler s'atténua.

Puis, les symptômes réapparurent. Coucher avec les hommes satisfaisait en Paulette le besoin d'être reconnue et de confirmer son charme sexuel. Une fois ces points exposés au grand jour et résolus, elle engagea des relations plus stables et plus significatives. Elle appréciait aussi davantage le sexe. Elle commença à exploiter ses propres ressources afin d'affronter la vie citadine et son besoin de prouver sa valeur. Ici encore, il est douteux que la «thérapie axée sur la technique» eût accompli des miracles dans son cas.

4. La thérapie axée sur le sexe non sexuel est fondée sur l'hypothèse que tous les problèmes, même s'ils semblent ne toucher qu'un partenaire, sont réciproques. En voici les raisons: a) lorsqu'un des partenaires est insatisfait ou malheureux, son conjoint en souffre; b) le problème en question n'existerait pas en dehors de la relation: il n'existe que parce que les besoins non sexuels d'un des partenaires, ou des deux, ne sont pas satisfaits hors de la chambre à coucher; c) même si chaque partenaire est responsable de sa propre satisfaction sexuelle, le couple qui vit une relation amoureuse stable s'engage à s'aider mutuellement.

Tous les problèmes sont réciproques, même lorsqu'un partenaire semble au départ être le seul coupable. Un examen minutieux de la relation met en lumière la façon dont chaque partenaire contribue à perpétuer le problème.

Le cas de Raymond et de Lorraine illustre bien ce phénomène. Le couple vint nous consulter parce que Raymond souffrait d'accès de jalousie. Lorsque Lorraine recevait des marques d'attention de la part d'un autre homme, il était ennuyé et boudait parfois pendant des jours. Lorraine raconta sa version des faits: combien elle aimait Raymond; sa gêne lorsqu'il piquait une crise en public; sa crainte qu'un de ses admirateurs plus costauds lui fasse du mal. Tout en parlant, cette jeune femme coquette se passait la langue sur les lèvres, faisait la moue, se croisait les jambes, ondulait de la croupe et gonflait la poitrine d'une manière qui n'avait rien à envier aux prostituées.

Les deux partenaires s'entendaient pour dire que Raymond souffrait d'un problème, mais ne voyaient pas celui-ci comme un problème commun. En fait, Raymond avait vraiment un problème. Il savait que sa femme était très attirante et craignait de la perdre. Il se sentait inquiet et menacé par l'attention que lui portaient les autres hommes. Négligeant de considérer l'importance des autres aspects d'une relation saine comme l'amour, le soutien et l'intimité, il ne pensait qu'au sexe et au désir des autres hommes susceptibles de lui enlever Lorraine. Il avait certainement un problème!

Tout comme Lorraine! En effet, cette jeune femme souffrait d'une grande insécurité et avait constamment besoin d'être rassurée quant à son charme. Elle encourageait les autres hommes de manière à rendre Raymond jaloux. Comme elle l'avoua elle-même: «Plus il était fâché, plus j'étais rassurée. C'est un peu infantile, mais cela me plaisait au fond. J'avais l'impression de compter vraiment à ses yeux.»

Le problème n'était pas plus celui de Raymond que de Lorraine. Tous deux souffraient en fait d'un manque de confiance et d'intimité. Certes, tous les cas ne sont pas aussi évidents. Certaines pathologies sont très subtilement entremêlées. En fait, il ne faut jamais assumer qu'un partenaire est seul responsable du problème, même si les apparences sont contre lui. Les deux conjoints forment un couple et chacun est influencé par le comportement de l'autre. La question clé est la suivante: *Quels besoins cachés le comportement de chaque partenaire satisfait-il?*

5. Certains motifs non sexuels présentent des similarités. Ainsi, on peut se servir du sexe pour négocier ou pour dominer son partenaire dans un même but: celui de le contrôler. Dans le premier cas, un partenaire prend son conjoint en considération et le contrôle est une question secondaire, tandis que dans le second, le partenaire cherche à dominer l'autre sans tenir compte des besoins de celui-ci.

Il en est de même dans le cas de la jalousie et de la vengeance. On peut dire que le partenaire vengeur est jaloux, ce qui est sans doute en partie vrai. Toutefois, la jalousie découle souvent d'un sentiment d'insécurité tandis que le désir de blesser ou de faire à l'autre ce qu'il nous a fait est souvent à l'origine de la revanche.

Enfin, prenons le cas des partenaires qui se servent du sexe comme d'un refuge. Ils doivent prendre conscience de ce qu'ils essaient de fuir, fût-ce l'ennui, la compétition, le stress, la tension, la réalité, l'intimité, et ainsi de suite.

Dans ce livre, nous avons tenté de cerner un aussi grand nombre de motifs que possible. Les recoupements sont inévitables. Le rôle du thérapeute consiste à aider ses clients à démêler le filet émotionnel dans lequel ils se prennent au piège. Si cette tâche paraît compliquée ou lourde, rappelez-vous que le fait de cerner le problème et d'établir de subtiles distinctions constitue l'essence même et l'art de la thérapie.

Le but de la thérapie axée sur le sexe non sexuel est d'amener le couple à avoir des relations sexuelles libres de tout bagage non sexuel. Pour ce faire, le thérapeute doit l'aider à établir un modèle de comportement qui lui permettra de combler ses besoins non sexuels hors de la chambre à coucher. Comme l'ont démontré certains cas décrits dans les chapitres précédents, cela peut entraîner des changements bouleversants dans la relation, et un problème en apparence lié au sexe peut lui être tout à fait étranger. La plupart des couples sont soulagés de découvrir que leur capacité d'apprécier le sexe n'est en rien entamée.

La thérapie du sexe
non sexuel

Buts et considérations

Une fois les motifs non sexuels mis à jour, les clients font de rapides progrès dans le cadre de leur thérapie. Il existe toutefois un problème pour lequel tout thérapeute devrait être préparé: lorsque le couple prend conscience des motifs non sexuels qui guident ses rapports sexuels, il modifie habituellement la fréquence de ceux-ci.

En effet, certains motifs non sexuels tels que le besoin de confirmer son pouvoir de séduction entraînent une activité sexuelle exceptionnellement élevée. Les personnes guidées par ce motif font l'amour plus souvent qu'elles ne le veulent vraiment. Une fois ce motif expulsé de la chambre à coucher, le couple diminue en général la fréquence de ses rapports et évite le sexe chaque fois qu'il s'aperçoit qu'il vise à satisfaire ce besoin non sexuel. Ce phénomène est plutôt effrayant pour certaines personnes qui craignent de perdre leur appétit sexuel, de ne plus faire l'amour comme avant et de voir leur vie sexuelle gâchée. En réalité, il est à espérer que leurs rapports sexuels ne seront plus les mêmes. Ils seront *meilleurs* et non gâchés. Il est important de discuter de cette question avec son client.

Dans bien des cas, la baisse de fréquence des rapports n'est que temporaire. Une fois le problème non sexuel réglé, la véritable force d'un désir sexuel libre de tout fardeau émerge. Le sexe trouve son propre rythme et devient extatique. Si le couple y perd en quantité, la qualité améliorée de ses rapports compensera largement. Néanmoins, le thérapeute doit préparer son client aux changements susceptibles de se produire dans son comportement sexuel. Une préparation inadéquate stimulera la résistance du patient face au processus thérapeutique et pourrait le conduire à abandonner la thérapie s'il ne comprend pas les changements qui surviennent en lui.

Certains motifs non sexuels inhibent l'activité sexuelle: par exemple, le refus de faire l'amour pour se venger d'une blessure quelconque. Or, la disparition de ce motif augmente la fréquence des rapports du couple, ce qui ne constitue pas un problème puisque la plupart des clients sont heureux de ce résultat.

En général, la thérapie axée sur le sexe non sexuel ne met pas l'accent sur la technique ni sur la fréquence. Le thérapeute donne peu de conseils de même qu'il n'encourage pas un type d'activité en particulier. Il appartient aux clients de trouver leur voie. Le rôle du thérapeute consiste à les aider à découvrir les motifs non sexuels qui diminuent leur plaisir et leur satisfaction sexuels.

Les problèmes liés au sexe sont-ils courants? Ou, pour être plus précis, le comportement sexuel est-il souvent dicté par des motifs cachés? Il est probable que, dans la plupart des relations, les besoins non sexuels et sexuels s'entremêlent et nuisent au plaisir sexuel du couple. Est-ce à dire que la vie sexuelle de la plupart des couples est épouvantable? Non! Mais la plupart des gens ne connaissent pas le degré de plaisir et de satisfaction sexuels qu'ils pourraient connaître.

Pourquoi sommes-nous si peu nombreux à consulter un thérapeute? En premier lieu, la plupart d'entre nous ne sont pas conscients du plaisir et de la satisfaction qu'ils manquent. En effet, on ignore ce qu'est l'extase avant d'y avoir goûté. En second lieu, il arrive souvent que les motifs non sexuels d'un partenaire complètent ou soient compatibles avec ceux de l'autre. Voyons le cas de Jean et de Pauline.

Jean se servait du sexe pour se reposer de la concurrence, cherchant réconfort et apaisement auprès de Pauline. Pour sa part, celle-ci avait soif de tendresse et avait besoin de se sentir importante. Plus elle réconfortait Jean, plus il devenait affectueux et reconnaissant, ce qui, en retour, la rassurait sur sa valeur. Chacun satisfaisait les besoins non sexuels de l'autre d'une manière superbe et le couple menait une vie sexuelle agréable. Ni l'un ni l'autre n'était conscient du fait que le sexe pouvait être meilleur. Leurs problèmes commencèrent lorsque Pauline vécut une expérience extatique avec un partenaire d'un soir. Soudain, la possibilité de connaître le véritable plaisir sexuel s'ouvrait devant elle.

Les couples ont tendance à rechercher de l'aide lorsque le motif caché qui guide un partenaire est incompatible avec celui de son conjoint. Ainsi, un partenaire peut se servir du sexe pour confirmer son identité sexuelle et l'autre, pour combler son besoin d'affection. Le premier souhaite des rapports sexuels intenses et passionnés tandis que le second se contenterait de baisers et de caresses.

Les actes de l'un éteignent l'ardeur de l'autre. Le partenaire doté d'une faible identité sexuelle a le sentiment d'un échec parce que son conjoint ne lui rend pas sa passion et souhaite en rester au stade des baisers et des caresses; le partenaire qui a soif de tendresse se sent utilisé, mal aimé et peut-être même un peu effrayé par le zèle de son conjoint. Les querelles et les accusations réciproques deviennent de plus en plus fréquentes à mesure que se détériore la vie sexuelle du couple. On blâme le sexe pour un problème qui a très peu à voir avec lui.

François et Marthe se trouvaient dans cette situation. Voici une discussion qui eut lieu pendant leur troisième séance de thérapie.

François: Parfois, j'ai l'impression de coucher avec une petite fille.
Marthe: Ah oui? Parfois, je suis *certaine* de coucher avec un mufle!
Thérapeute (interrompant un échange d'injures): Revenons en arrière. François, vous dites que vous avez parfois

l'impression de coucher avec une petite fille, pouvez-vous préciser votre pensée?

François: Tout ce qu'elle veut, ce sont des baisers, des baisers et encore des baisers. J'ai l'impression d'être avec une adolescente qui ne veut pas aller jusqu'au bout, qui veut s'en tenir aux caresses.

Thérapeute: Que voulez-vous qu'il se passe?

François: Je veux de l'action. Je veux qu'elle soit terriblement excitée, qu'elle ait envie de moi...

Marthe (l'interrompant): Ouais! C'est tout ce que tu veux. Tu veux la rentrer, faire un mouvement de va-et-vient et jouir. Comme un étalon dont je devrais adorer la queue!

Thérapeute: Marthe, que voulez-vous?

Marthe: De l'amour et de la tendresse. Voilà ce que je veux. C'est cela qui compte pour moi.

Térapeute: Voyez-vous ce qui se passe? François, vous essayez de vous servir du sexe pour prouver votre virilité tandis que Marthe, vous recherchez de la tendresse et du réconfort à travers le sexe. Tout cela éteint votre passion et vous détourne du sexe. Il importe que vous sépariez chacun de vos besoins du sexe... que vous cherchiez à les satisfaire en dehors de la chambre à coucher. Ainsi, toute cette tension excessive ne gâchera pas votre plaisir. Qu'en pensez-vous?

François et Marthe tombaient des nues. Ils avaient enfin l'impression de comprendre ce qui se passait et étaient soulagés de voir que leur problème n'était pas vraiment lié au sexe. Pendant toute la durée de la thérapie, on parla peu de technique sexuelle, mais le couple et le thérapeute se penchèrent sur la façon dont François voyait la virilité et pouvait affirmer la sienne et dont Marthe pouvait obtenir sa part d'affection hors du lit. Les deux partenaires doivent s'aider mutuellement afin que le sexe ne devienne pas une lutte pour déterminer quel partenaire doit satisfaire ses besoins non sexuels.

Ce cas met en relief deux points importants. Premièrement, la thérapie axée sur le sexe peut facilement dépasser le
stade de l'entraînement technique. Le thérapeute aurait pu
utiliser des méthodes axées sur la technique et aider François
et Marthe à perfectionner leurs aptitudes pendant les préliminaires. Il est clair que la vie sexuelle du couple se serait améliorée. François *aurait pu* se sentir plus viril en devenant un
amant plus qualifié et en conséquence, sa femme *aurait pu* répondre à ses caresses avec une plus grande ardeur. Cela
aussi aurait aidé François à se sentir plus viril. Marthe *aurait
pu* trouver des façons de trouver de la tendresse hors du lit ou
son mari *aurait pu* insister davantage sur les baisers pendant
les rapports sexuels. Quoi qu'il en soit, le sexe *aurait pu* devenir plus agréable.

Mais cette approche accorde une trop grande place au hasard. Un couple qui n'est pas conscient de ses besoins non
sexuels peut difficilement apprendre à les satisfaire hors de la
chambre à coucher. Et, comme le montrent les histoires décrites dans ce livre, le remède consiste indéniablement à combler ces besoins hors du lit.

Deuxièmement, le rôle du thérapeute est surtout d'aider le
couple à cerner et à explorer ces questions. En mettant
l'accent sur leurs motifs non sexuels, François et Marthe ont
non seulement amélioré leur vie sexuelle, mais ils ont appris à
mieux se connaître eux-mêmes et l'un l'autre.

Remarquez que chaque partenaire possédait déjà une
assez bonne idée du problème. François avait l'impression de
coucher avec une petite fille qui se contentait de baisers tandis que Marthe trouvait l'attitude de François trop macho. Le
couple possédait toutes les pièces du casse-tête, mais était
incapable de les assembler. Chacun blâmait l'autre pour le
problème sans comprendre la signification ni le but de son
propre comportement. Voilà ce qui se passe dans la plupart
des mariages. Chaque conjoint sait ce qui «cloche» chez
l'autre, mais ne voit pas son propre comportement ni sa signification (une autre raison pour laquelle le thérapeute est
utile).

Voici quelques observations finales:

- Pourquoi laisser au hasard ces questions importantes?
- Ne présumez pas que le fait de résoudre un problème technique fera disparaître les besoins non sexuels les plus importants.
- Toute limitation imposée à la vie sexuelle du couple doit provenir du couple et non du thérapeute.
- Laissés à eux-mêmes, la plupart des couples élaborent leur propre technique d'une manière extrêmement créative, *une fois les motifs inconscients mis à jour et résolus.*
- La thérapie n'a pas besoin d'être longue. François et Marthe ont compris en trois séances que leur problème n'était pas lié au sexe et qu'ils se servaient du sexe pour satisfaire des besoins non sexuels. Lors de leur sixième et dernière séance, ils signalèrent que leurs relations sexuelles étaient «tout simplement incroyables. Nous n'avions jamais cru pouvoir nous amuser autant... même dans nos rêves les plus fous.»

En résumé, la thérapie axée sur le sexe non sexuel relègue la technique au second plan pour se concentrer sur les motifs cachés qui nuisent au plaisir sexuel. En séparant ces besoins du sexe et en les comblant hors de la chambre à coucher, nous ouvrons la porte à la véritable extase sexuelle. Les thérapeutes qui se concentrent sur la technique contribuent à augmenter le plaisir sexuel du couple, *mais* ils resserrent aussi le piège dans lequel les couples sont pris et courent le risque d'étouffer encore davantage leurs besoins non sexuels inconscients. En considérant la technique sexuelle comme la source du problème, le thérapeute limite le plaisir ultimement associé au sexe.

BIBLIOGRAPHIE

Masters, William H. et Johnson, Virginia E., *L'union par le plaisir*, Paris, Laffont, 1975, 269 p.

TABLE DES MATIÈRES

Ouvrages parus chez les éditeurs du groupe Sogides

AFFAIRES

* **Acheter une franchise,** Levasseur, Pierre
* **Bourse, La,** Brown, Mark
* **Comprendre le marketing,** Levasseur, Pierre
* **Devenir exportateur,** Levasseur, Pierre
Étiquette des affaires, L', Jankovic, Elena
* **Faire son testament soi-même,** Poirier, Me Gérald et Lescault-Nadeau, Martine
Finances, Les, Hutzler, Laurie H.
Gérer ses ressources humaines, Levasseur, Pierre

Gestionnaire, Le, Colwell, Marian
Informatique, L', Cone, E. Paul
* **Lancer son entreprise,** Levasseur, Pierre
Leadership, Le, Cribbin, James
Meeting, Le, Holland, Gary
Mémo, Le, Reinold, Cheryl
* **Ouvrir et gérer un commerce de détail,** Roberge, C.-D. et Charbonneau, A.
Patron, Le, Reinold, Cheryl
* **Stratégies de placements,** Nadeau, Nicole

ANIMAUX

Art du dressage, L', Chartier, Gilles
Cheval, Le, Leblanc, Michel
Chien dans votre vie, Le, Margolis, M. et Swan, C.
Éducation du chien de 0 à 6 mois, L', DeBuyser, Dr Colette et Dehasse, Dr Joël
* **Encyclopédie des oiseaux,** Godfrey, W. Earl
Guide de l'oiseau de compagnie, Le, Dr R. Dean Axelson
Guide des oiseaux, Le, T.1, Stokes, W. Donald
Guide des oiseaux, Le, T.2, Stokes, W. Donald et Stokes, Q. Lilian

* **Mon chat, le soigner, le guérir,** D'Orangeville, Christian
Observations sur les mammifères, Provencher, Paul
* **Papillons du Québec, Les,** Veilleux, Christian et Prévost, Bernard
Petite ferme, T.1, Les animaux, Trait, Jean-Claude
Vous et vos oiseaux de compagnie, Huard-Viau, Jacqueline
Vous et vos poissons d'aquarium, Ganiel, Sonia
Vous et votre beagle, Eylat, Martin
Vous et votre berger allemand, Eylat, Martin

ANIMAUX

Vous et votre boxer, Herriot, Sylvain
Vous et votre braque allemand,
  Eylat, Martin
Vous et votre caniche, Shira, Sav
Vous et votre chat de gouttière,
  Mamzer, Annie
Vous et votre chat tigré, Eylat, Odette
Vous et votre chihuahua, Eylat, Martin
Vous et votre chow-chow,
  Pierre Boistel
Vous et votre cocker américain,
  Eylat, Martin
Vous et votre collie, Éthier, Léon
Vous et votre dalmatien, Eylat, Martin
Vous et votre danois, Eylat, Martin
Vous et votre doberman, Denis, Paula
Vous et votre fox-terrier, Eylat, Martin
Vous et votre golden retriever,
  Denis, Paula
Vous et votre husky, Eylat, Martin

Vous et votre labrador,
  Van Der Heyden, Pierre
Vous et votre lévrier afghan,
  Eylat, Martin
Vous et votre lhassa apso,
  Van Der Heyden, Pierre
Vous et votre persan, Gadi, Sol
Vous et votre petit rongeur,
  Eylat, Martin
Vous et votre schnauzer, Eylat, Martin
Vous et votre serpent, Deland, Guy
Vous et votre setter anglais,
  Eylat, Martin
Vous et votre shih-tzu, Eylat, Martin
Vous et votre siamois, Eylat, Odette
Vous et votre teckel, Boistel, Pierre
Vous et votre terre-neuve,
  Pacreau, Marie-Edmée
Vous et votre yorkshire,
  Larochelle, Sandra

ARTISANAT/BRICOLAGE

Art du pliage du papier, L',
  Harbin, Robert
* Artisanat québécois, T.1, Simard, Cyril
* Artisanat québécois, T.2, Simard, Cyril
* Artisanat québécois, T.3, Simard, Cyril
* Artisanat québécois, T.4, Simard, Cyril
  et Bouchard, Jean-Louis
* Construire des cabanes d'oiseaux,
  Dion, André

* Encyclopédie de la maison québécoise,
  Lessard, Michel et Villandré, Gilles
* Encyclopédie des antiquités,
  Lessard, Michel et Marquis, Huguette
* J'apprends à dessiner, Nassh, Joanna
  Taxidermie moderne, La, Labrie, Jean
* Tissage, Le, Grisé-Allard, Jeanne et
  Galarneau, Germaine
  Vitrail, Le, Bettinger, Claude

BIOGRAPHIES

* Brian Orser - Maître du triple axel,
  Orser, Brian et Milton, Steve
* Dans la fosse aux lions, Chrétien, Jean
* Dans la tempête, Lachance, Micheline
* Duplessis, T.1 - L'ascension,
  Black, Conrad
* Duplessis, T.2 - Le pouvoir,
  Black, Conrad
* Ed Broadbent - La conquête obstinée
  du pouvoir, Steed, Judy
* Establishment canadien, L',
  Newman, Peter C.
* Larry Robinson, Robinson, Larry et
  Goyens, Chrystian
* Michel Robichaud - Monsieur Mode,
  Charest, Nicole

* Monopole, Le, Francis, Diane
* Nouveaux riches, Les,
  Newman, Peter C.
* Paul Desmarais - Un homme et son em-
  pire, Greber, Dave
* Plamondon - Un cœur de rockeur,
  Godbout, Jacques
* Prince de l'Église, Le, Lachance, Micheline
* Québec Inc., Fraser, M.
* Rick Hansen - Vivre sans frontières,
  Hansen, Rick et Taylor, Jim
* Saga des Molson, La, Woods, Shirley
* Sous les arches de McDonald's,
  Love, John F.
* Trétiak, entre Moscou et Montréal,
  Trétiak, Vladislav

DIÉTÉTIQUE

Combler ses besoins en calcium,
Hunter, Denyse

* Compte-calories, Le, Brault-Dubuc, M.
et Caron Lahaie, L.

* Cuisine du monde entier avec Weight
Watchers, Weight Watchers
Cuisine sage, Une, Lambert-Lagacé,
Louise
Défi alimentaire de la femme, Le,
Lambert-Lagacé, Louise

* Diète Rotation, La, Katahn, Dr Martin
* Diététique dans la vie quotidienne,
Lambert-Lagacé, Louise
Livre des vitamines, Le, Mervyn, Leonard
Menu de santé, Lambert-Lagacé, Louise
Oubliez vos allergies, et... bon appétit,
Association de l'information sur les
allergies

* Petite et grande cuisine végétarienne,
Bédard, Manon
* Plan d'attaque Weight Watchers, Le,
Nidetch, Jean
* Plan d'attaque Plus Weight Watchers,
Le, Nidetch, Jean
* Régimes pour maigrir,
Beaudoin, Marie-Josée
Sage bouffe de 2 à 6 ans, La,
Lambert-Lagacé, Louise
* Weight Watchers - Cuisine rapide et
savoureuse, Weight Watchers
* Weight Watchers - Agenda 85 -
Français, Weight Watchers
* Weight Watchers - Agenda 85 -
Anglais, Weight Watchers
* Weight Watchers - Programme -
Succès Rapide, Weight Watchers

ENFANCE

* Aider son enfant en maternelle,
Pedneault-Pontbriand, Louise
Années clés de mon enfant, Les,
Caplan, Frank et Thérèsa
Art de l'allaitement maternel, L',
Ligue internationale La Leche
Avoir un enfant après 35 ans,
Robert, Isabelle
Bientôt maman, Whalley, J., Simkin, P.
et Keppler, A.
Comment nourrir son enfant,
Lambert-Lagacé, Louise
Deuxième année de mon enfant, La,
Caplan, Frank et Thérèsa
Développement psychomoteur du
bébé, Calvet, Didier
Douze premiers mois de mon enfant,
Les, Caplan, Frank

* En attendant notre enfant,
Pratte-Marchessault, Yvette
* Enfant unique, L', Peck, Ellen
Évoluer avec ses enfants,
Gagné, Pierre-Paul
Exercices aquatiques pour les futures
mamans, Dussault, J. et Demers, C.
* Femme enceinte, La,
Bradley, Robert A.

* Futur père, Pratte-Marchessault, Yvette
Jouons avec les lettres,
Doyon-Richard, Louise
Langage de votre enfant, Le,
Langevin, Claude
Mal des mots, Le, Thériault, Denise
Manuel Johnson et Johnson des
premiers soins, Le, Rosenberg,
Dr Stephen N.
Massage des bébés, Le,
Auckette, Amédia D.
Mon enfant naîtra-t-il en bonne santé?
Scher, Jonathan et Dix, Carol
* Pour bébé, le sein ou le biberon?
Pratte-Marchessault, Yvette
* Pour vous future maman, Sekely, Trude
Préparez votre enfant à l'école,
Doyon-Richard, Louise
Psychologie de l'enfant de 0 à 10 ans,
Cholette-Pérusse, Françoise
Respirations et positions
d'accouchement, Dussault, Joanne
Soins de la première année de bébé,
Les, Kelly, Paula
Tout se joue avant la maternelle,
Ibuka, Masaru

ÉSOTÉRISME

Avenir dans les feuilles de thé, L,
Fenton, Sasha
Graphologie, La, Santoy, Claude
Interprétez vos rêves, Stanké, Louis
Lignes de la main, Stanké, Louis

Lire dans les lignes de la main,
Morin, Michel
Vos rêves sont des miroirs, Cayla, Henri
Votre avenir par les cartes,
Stanké, Louis

HISTOIRE

* **Arrivants, Les,** Collectif
* **Civilisation chinoise, La,** Guay, Michel
* **Or des cavaliers thraces, L',**
Palais de la civilisation

* **Samuel de Champlain,**
Armstrong, Joe C.W.

JARDINAGE

* **Chasse-insectes pour jardins, Le,**
Michaud, O.
* **Comment cultiver un jardin potager,**
Trait, J.-C.
* **Encyclopédie du jardinier,**
Perron, W. H.
* **Guide complet du jardinage,**
Wilson, Charles
J'aime les azalées, Deschênes, Josée
J'aime les cactées, Lamarche, Claude
J'aime les rosiers, Pronovost, René
J'aime les tomates, Berti, Victor

J'aime les violettes africaines,
Davidson, Robert
Jardin d'herbes, Le, Prenis, John
* **Je me débrouille en aménagement**
extérieur, Bouillon, Daniel et
Boisvert, Claude
* **Petite ferme, T.2- Jardin potager,**
Trait, Jean-Claude
* **Plantes d'intérieur, Les,** Pouliot, Paul
* **Techniques de jardinage, Les,**
Pouliot, Paul
Terrariums, Les, Kayatta, Ken

JEUX/DIVERTISSEMENTS

* **Améliorons notre bridge,**
Durand, Charles
* **Bridge, Le,** Beaulieu, Viviane
* **Clés du scrabble, Les,** Sigal, Pierre A.
Dictionnaire des mots croisés, noms
commun, Lasnier, Paul
Dictionnaire des mots croisés, noms
propres, Piquette, Robert
Dictionnaire raisonné des mots croisés,
Charron, Jacqueline

* **Jouons ensemble,** Provost, Pierre
Livre des patiences, Le, Bezanovska, M.
et Kitchevats, P.
Monopoly, Orbanes, Philip
* **Ouverture aux échecs,** Coudari, Camille
* **Scrabble, Le,** Gallez, Daniel
Techniques du billard, Morin, Pierre

LINGUISTIQUE

Anglais par la méthode choc, L',
Morgan, Jean-Louis
J'apprends l'anglais, Sillicani, Gino et
Grisé-Allard, Jeanne

* **Secrétaire bilingue, La,** Lebel, Wilfrid

LIVRES PRATIQUES

* **Acheter ou vendre sa maison,**
  Brisebois, Lucille
* **Assemblées délibérantes, Les,**
  Girard, Francine
  Chasse-insectes dans la maison, Le,
  Michaud, O.
  Chasse-taches, Le, Cassimatis, Jack
* **Comment réduire votre impôt,**
  Leduc-Dallaire, Johanne
* **Guide de la haute-fidélité, Le,**
  Prin, Michel
  **Je me débrouille en aménagement
  intérieur,** Bouillon, Daniel et
  Boisvert, Claude
  Livre de l'étiquette, Le, du Coffre,
  Marguerite
* **Loi et vos droits, La,**
  Marchand, Me Paul-Émile
* **Maîtriser son doigté sur un clavier,**
  Lemire, Jean-Paul
* **Mécanique de mon auto, La,** Time-Life
* **Mon automobile,** Collège Marie-Victorin
  et Gouv. du Québec

**Notre mariage (étiquette et
  planification),**
  du Coffre, Marguerite
* **Petits appareils électriques,**
  Collaboration
  Petit guide des grands vins, Le,
  Orhon, Jacques
* **Piscines, barbecues et patio,**
  Collaboration
* **Roulez sans vous faire rouler, T.3,**
  Edmonston, Philippe
  Séjour dans les auberges du Québec,
  Cazelais, Normand et
  Coulon, Jacques
  Se protéger contre le vol,
  Kabundi, Marcel et
  Normandeau, André
* **Tout ce que vous devez savoir sur le
  condominium,** Dubois, Robert
  Univers de l'astronomie, L',
  Tocquet, Robert
  Week-end à New York, Tavernier-
  Cartier, Lise

MUSIQUE

Chant sans professeur, Le,
  Hewitt, Graham
Guitare, La, Collins, Peter
Guitare sans professeur, La,
  Evans, Roger

Piano sans professeur, Le, Evans, Roger
Solfège sans professeur, Le,
  Evans, Roger

NOTRE TRADITION

* **Encyclopédie du Québec, T.2,**
  Landry, Louis
  Généalogie, La, Faribeault-Beauregard,
  M. et Beauregard Malak, E.
* **Maison traditionnelle au Québec, La,**
  Lessard, Michel

* **Moulins à eau de la vallée du Saint-
  Laurent, Les,** Villeneuve, Adam
* **Sculpture ancienne au Québec, La,**
  Porter, John R. et Bélisle, Jean
* **Temps des fêtes au Québec, Le,**
  Montpetit, Raymond

PHOTOGRAPHIE

**Apprenez la photographie avec
  Antoine Désilets,** Désilets, Antoine
8/Super 8/16, Lafrance, André
Fabuleuse lumière canadienne,
  Hines, Sherman
* **Initiation à la photographie,**
  London, Barbara

* **Initiation à la photographie-Canon,**
  London, Barbara
* **Initiation à la photographie-Minolta,**
  London, Barbara
* **Initiation à la photographie-Nikon,**
  London, Barbara

PHOTOGRAPHIE

* Initiation à la photographie-Olympus,
  London, Barbara
* Initiation à la photographie-Pentax,
  London, Barbara

Photo à la portée de tous, La,
Désilets, Antoine

PSYCHOLOGIE

Aider mon patron à m'aider,
Houde, Eugène
* Amour de l'exigence à la préférence,
  L', Auger, Lucien
Apprivoiser l'ennemi intérieur,
Bach, Dr G. et Torbet, L.
Art d'aider, L', Carkhuff, Robert R.
Auto-développement, L', Garneau, Jean
* Bonheur au travail, Le, Houde, Eugène
Bonheur possible, Le, Blondin, Robert
Ces hommes qui méprisent les
femmes... et les femmes qui les
aiment, Forward, Dr S. et
Torres, J.
Changer ensemble, les étapes du
couple, Campbell, Suzan M.
Chimie de l'amour, La,
Liebowitz, Michael
Comment animer un groupe,
Office Catéchèse
Comment déborder d'énergie,
Simard, Jean-Paul
Communication dans le couple, La,
Granger, Luc
Communication et épanouissement
personnel, Auger, Lucien
Contact, Zunin, L. et N.
Découvrir un sens à sa vie avec la logo-
thérapie, Frankl, D^r V.
* Dynamique des groupes, Aubry, J.-M.
  et Saint-Arnaud, Y.
Élever des enfants sans perdre la
boule, Auger, Lucien
Enfants de l'autre, Les, Paris, Erna
Être soi-même, Corkille Briggs, D.
Facteur chance, Le, Gunther, Max
Infidélité, L', Leigh, Wendy
Intuition, L', Goldberg, Philip
* J'aime, Saint-Arnaud, Yves
Journal intime intensif, Le, Progoff, Ira
Mensonge amoureux, Le,
Blondin, Robert
Parce que je crois aux enfants,
Ruffo, Andrée

Parle-moi... j'ai des choses à te dire,
Salomé, Jacques
Perdant / Gagnant - Réussissez vos
échecs, Hyatt, Carole et
Gottlieb, Linda
* Personne humaine, La ,
  Saint-Arnaud, Yves
* Plaisirs du stress, Les,
  Hanson, Dr Peter, G.
Pourquoi l'autre et pas moi? - Le droit
à la jalousie, Auger, Dr Louise
Prévenir et surmonter la déprime,
Auger, Lucien
* Prévoir les belles années de la retraite,
  D. Gordon, Michael
* Psychologie de l'amour romantique,
  Branden, D^r N.
Puissance de l'intention, La,
Leider, R.-J.
S'affirmer et communiquer, Beaudry,
Madeleine et Boisvert, J.R.
S'aider soi-même, Auger, Lucien
S'aider soi-même d'avantage,
Auger, Lucien
* S'aimer pour la vie, Wanderer, Dr Zev
Savoir organiser, savoir décider,
Lefebvre, Gérald
Savoir relaxer pour combattre le
stress, Jacobson, Dr Edmund
Se changer, Mahoney, Michael
Se comprendre soi-même par les tests,
Collectif
Se connaître soi-même, Artaud, Gérard
Se créer par la Gestalt, Zinker, Joseph
* Se guérir de la sottise, Auger, Lucien
Si seulement je pouvais changer!
Lynes, P.
Tendresse, La, Wolfl, N.
Vaincre ses peurs, Auger, Lucien
Vivre avec sa tête ou avec son cœur,
Auger, Lucien

ROMANS/ESSAIS/DOCUMENTS

* **Baie d'Hudson, La,** Newman, Peter, C.
* **Conquérants des grands espaces, Les,**
  Newman, Peter, C.
* **Des Canadiens dans l'espace,**
  Dotto, Lydia
* **Dieu ne joue pas aux dés,** Laborit, Henri
* **Frères divorcés, Les,** Godin, Pierre
* **Insolences du Frère Untel, Les,**
  Desbiens, Jean-Paul
* **J'parle tout seul,** Coderre, Émile

  Option Québec, Lévesque, René
* **Oui,** Lévesque, René
* **Provigo,** Provost, René et
  Chartrand, Maurice
  Sur les ailes du temps (Air Canada),
  Smith, Philip
* **Telle est ma position,** Mulroney, Brian
* **Trois semaines dans le hall du Sénat,**
  Hébert, Jacques
* **Un second souffle,** Hébert, Diane

SANTÉ/BEAUTÉ

* **Ablation de la vésicule biliaire, L',**
  Paquet, Jean-Claude
* **Ablation des calculs urinaires, L',**
  Paquet, Jean-Claude
* **Ablation du sein, L',** Paquet, Jean-claude
* **Allergies, Les,** Delorme, Dr Pierre
  Bien vivre sa ménopause,
  Gendron, Dr Lionel
  Charme et sex-appeal au masculin,
  Lemelin, Mireille
  Chasse-rides, Leprince, C.
* **Chirurgie vasculaire, La,**
  Paquet, Jean-Claude
  Comment devenir et rester mince,
  Mirkin, Dr Gabe
  De belles jambes à tout âge,
  Lanctôt, D^r G.
* **Dialyse et la greffe du rein, La,**
  Paquet, Jean-Claude
  Être belle pour la vie, Bronwen, Meredith
  Glaucomes et les cataractes, Les,
  Paquet, Jean-Claude
* **Grandir en 100 exercices,**
  Berthelet, Pierre
* **Hernies discales, Les,**
  Paquet, Jean-Claude
  Hystérectomie, L', Alix, Suzanne
  Maigrir: La fin de l'obsession,
  Orbach, Susie
* **Malformations cardiaques
  congénitales, Les,**
  Paquet, Jean-Claude
  Maux de tête et migraines,
  Meloche, Dr J. , Dorion, J.
  Perdre son ventre en 30 jours H-F, Bur-
  stein, Nancy et Roy, Matthews

* **Pontage coronarien, Le,**
  Paquet, Jean-Claude
* **Prothèses d'articulation,**
  Paquet, Jean-Claude
* **Redressements de la colonne,**
  Paquet, Jean-Claude
* **Remplacements valvulaires, Les,**
  Paquet, Jean-Claude
  Ronfleurs, réveillez-vous, Piché, D^r J.
  et Delage, J.
  Syndrome prémenstruel, Le,
  Shreeve, Dr Caroline
  Travailler devant un écran,
  Feeley, Dr Helen
  30 jours pour avoir de beaux cheveux,
  Davis, Julie
  30 jours pour avoir de beaux ongles,
  Bozic, Patricia
  30 jours pour avoir de beaux seins,
  Larkin, Régina
  30 jours pour avoir de belles fesses,
  Cox, D. et Davis, Julie
  30 jours pour avoir un beau teint,
  Zizmon, Dr Jonathan
  30 jours pour cesser de fumer,
  Holland, Gary et Weiss, Herman
  30 jours pour mieux s'organiser,
  Holland, Gary
  **30 jours pour redevenir un couple
  amoureux,** Nida, Patricia et
  Cooney, Kevin
  **30 jours pour un plus grand épanouisse-
  ment sexuel,** Schneider, A.
  Vos dents, Kandelman, Dr Daniel
  Vos yeux, Chartrand, Marie et
  Lepage-Durand, Micheline

SEXUALITÉ

Contacts sexuels sans risques,
I.A.S.H.S.
* Guide illustré du plaisir sexuel,
Corey, Dr Robert et Helg, E.
Ma sexualité de 0 à 6 ans,
Robert, Jocelyne
Ma sexualité de 6 à 9 ans,
Robert, Jocelyne
Ma sexualité de 9 à 12 ans,
Robert, Jocelyne
Mille et une bonnes raisons pour le
convaincre d'enfiler un condom et
pourquoi c'est important pour
vous..., Bretman, Patti,
Knutson, Kim et Reed, Paul

* Nous on en parle, Lamarche, M. et
Danheux, P.
Pour jeunes seulement, photoroman
d'éducation à la sexualité,
Robert, Jocelyne
Sexe au féminin, Le, Kerr, Carmen
Sexualité du jeune adolescent, La,
Gendron, Lionel
Shiatsu et sensualité, Rioux, Yuki
* 100 trucs de billard, Morin, Pierre

SPORTS

Apprenez à patiner, Marcotte, Gaston
Arc et la chasse, L', Guardo, Greg
Armes de chasse, Les,
Petit-Martinon, Charles
Badminton, Le, Corbeil, Jean
* Canadiens de 1910 à nos jours, Les,
Turowetz, Allan et Goyens, C.
Carte et boussole, Kjellstrom, Bjorn
Comment se sortir du trou au golf,
Brien, Luc
Comment vivre dans la nature,
Rivière, Bill
Corrigez vos défauts au golf,
Bergeron, Yves
* Curling, Le, Lukowich, E.
De la hanche aux doigts de pieds,
Schneider, Myles J. et
Sussman, Mark D.
Devenir gardien de but au hockey,
Allaire, François
Golf au féminin, Le, Bergeron, Yves
Grand livre des sports, Le,
Groupe Diagram
Guide complet de la pêche à la
mouche, Le, Blais, J.-Y.
Guide complet du judo, Le, Arpin, Louis
Guide complet du self-defense, Le,
Arpin, Louis
Guide de l'alpinisme, Le,
Cappon, Massimo
Guide de la survie de l'armée
américaine, Le, Collectif
Guide des jeux scouts, Association des
scouts
Guide du trappeur, Le, Provencher, Paul
Initiation à la planche à voile, Wulff, D.
et Morch, K.

J'apprends à nager, Lacoursière, Réjean
Je me débrouille à la chasse,
Richard, Gilles et Vincent, Serge
Je me débrouille à la pêche,
Vincent, Serge
Je me débrouille à vélo,
Labrecque, Michel et Boivin, Robert
Je me débrouille dans une
embarcation, Choquette, Robert
Jogging, Le, Chevalier, Richard
* Jouez gagnant au golf, Brien, Luc
* Larry Robinson, le jeu défensif,
Robinson, Larry
Manuel de pilotage, Transport Canada
Marathon pour tous, Le, Anctil, Pierre
Maxi-performance, Garfield, Charles A.
et Bennett, Hal Zina
Mon coup de patin, Wild, John
Musculation pour tous, La,
Laferrière, Serge
* Partons en camping, Satterfield, Archie
et Bauer, Eddie
Partons sac au dos, Satterfield, Archie
et Bauer, Eddie
Passes au hockey, Chapleau, Claude
Pêche à la mouche, La, Marleau, Serge
Pêche à la mouche, Vincent, Serge
Planche à voile, La, Maillefer, Gérard
Programme XBX, Aviation Royale du
Canada
Racquetball, Corbeil, Jean
Racquetball plus, Corbeil, Jean
Rivières et lacs canotables, Fédération
québécoise du canot-camping
S'améliorer au tennis, Chevalier Richard
Saumon, Le, Dubé, J.-P.

SPORTS

le jour,
éditeur

ÉSOTÉRISME

Astrologie pratique, L',
 Reinicke, Wolfgang
Grand livre de la cartomancie, Le,
 Von Lentner, G.
Grand livre des horoscopes chinois, Le,
 Lau, Theodora

* **Horoscope chinois,** Del Sol, Paula
Lu dans les cartes, Jones, Marthy
Synastrie, La, Thornton, Penny
Traité d'astrologie, Hirsig, H.

GUIDES PRATIQUES/JEUX/LOISIRS

* **1,500 prénoms et significations,**
 Grisé-Allard, J.

* **Backgammon,** Lesage, D.

NOTRE TRADITION

* **Lettre à un Français qui veut émigrer
 au Québec,** Dubuc, Carl

PSYCHOLOGIE/VIE AFFECTIVE ET PROFESSIONNELLE

Adieu, Halpern, Dr Howard
Adieu Tarzan, Franks, Helen
Aimer son prochain comme soi-même,
 Murphy, Dr Joseph
* **Anti-stress, L',** Eylat, Odette
Apprendre à vivre et à aimer,
 Buscaglia, L.
**Art d'engager la conversation et de se
 faire des amis, L',** Gabor, Don
Art de convaincre, L', Heinz, Ryborz
* **Art d'être égoïste, L',** Kirschner, Joseph
Autre femme, L', Sévigny, Hélène
Bains flottants, Les, Hutchison, Michael
**Ces hommes qui ne communiquent
 pas,** Naifeh S. et White, S.G.
Ces vérités vont changer votre vie,
 Murphy, Dr Joseph
Comment aimer vivre seul,
 Shanon, Lynn
**Comment dominer et influencer les
 autres,** Gabriel, H.W.
**Comment faire l'amour à la même per-
 sonne pour le reste de votre vie!,**
 O'Connor, D.
Comment faire l'amour à une femme,
 Morgenstern, M.
Comment faire l'amour à un homme,
 Penney, A.
Comment faire l'amour ensemble,
 Penney, A.

Contacts en or avec votre clientèle,
 Sapin Gold, Carol
Contrôle de soi par la relaxation, Le,
 Marcotte, Claude
Dire oui à l'amour, Buscaglia, Léo
* **Famille moderne et son avenir, La,**
 Richards, Lyn
Femme de demain, Keeton, K.
Gestalt, La, Polster, Erving
Homme au dessert, Un,
 Friedman, Sonya
Homme nouveau, L',
 Bodymind, Dychtwald Ken
Influence de la couleur, L',
 Wood, Betty
Jeux de nuit, Bruchez, C.
Maigrir sans obsession, Orbach, Susie
Maîtriser son destin, Kirschner, Joseph
Massage en profondeur, Le, Painter, J.,
 Bélair, M.
Mémoire, La, Loftus, Élizabeth
* **Mémoire à tout âge, La,**
 Dereskey, Ladislaus
Miracle de votre esprit, Le,
 Murphy, Dr Joseph
Négocier entre vaincre et convaincre,
 Warschaw, Dr Tessa
On n'a rien pour rien, Vincent, Raymond
Oracle de votre subconscient, L',
 Murphy, Dr Joseph

PSYCHOLOGIE/VIE AFFECTIVE ET PROFESSIONNELLE

Passion du succès, La, Vincent, R.
Pensée constructive et bon sens, La,
Vincent, Raymond
* **Personnalité, La,** Buscaglia, Léo
Petit répertoire des excuses, Le,
Charbonneau, C., Caron, N.
Pourquoi remettre à plus tard?,
Burka, Jane B., Yuen, L.M.
Pouvoir de votre cerveau, Le,
Brown, Barbara
Puissance de votre subconscient, La,
Murphy, Dr Joseph
Réfléchissez et devenez riche,
Hill, Napoleon
**S'aimer ou le défi des relations
humaines,** Buscaglia, Léo

**Sexualité expliquée aux adolescents,
La,** Boudreau, Y.
Succès par la pensée constructive, Le,
Hill, Napoleon et Stone, W.-C.
Transformez vos faiblesses en force,
Bloomfield, Dr Harold
**Triomphez de vous-même et des
autres,** Murphy, Dr Joseph
Univers de mon subconscient, L',
Vincent, Raymond
**Vaincre la dépression par la volonté et
l'action,** Marcotte, Claude
Vieillir en beauté, Oberleder, Muriel
**Vivre avec les imperfections de
l'autre,** Janda, Dr Louis H.
Vivre c'est vendre, Chaput, Jean-Marc

ROMANS/ESSAIS

* **Affrontement, L',** Lamoureux, Henri
* **C't'a ton tour Laura Cadieux,**
Tremblay, Michel
* **Cœur de la baleine bleue, Le,**
Poulin, Jacques
* **Coffret petit jour,** Martucci, Abbé Jean
* **Contes pour buveurs attardés,**
Tremblay, Michel
* **De Z à A,** Losique, Serge
* **Femmes et politique,** Cohen, Yolande

* **Il est par là le soleil,** Carrier, Roch
* **Jean-Paul ou les hasards de la vie,**
Bellier, Marcel
* **Neige et le feu, La,** Baillargeon, Pierre
* **Objectif camouflé,** Porter, Anna
* **Oslovik fait la bombe,** Oslovik
* **Train de Maxwell, Le,** Hyde, Christopher
* **Vatican -Le trésor de St-Pierre,**
Malachi, Martin

SANTÉ

Tao de longue vie, Le,
Soo, Chee

Vaincre l'insomnie, Filion, Michel et
Boisvert, Jean-Marie

SPORT

* **Guide des rivières du Québec,**
Fédération cano-kayac

* **Ski nordique de randonnée,**
Brady, Michael

TÉMOIGNAGES

Merci pour mon cancer,
De Villemarie, Michelle

COLLECTIFS DE NOUVELLES

DIVERS

DIVERS

* **Mythe de Nelligan, Le,** Larose, Jean
* **Nouveau Canada à notre mesure,**
  Matte, René
* **Papineau,** De Lamirande, Claire
* **Personne ne voudrait savoir,**
  Schirm, François
* **Philosophe chat, Le,** Savoie, Roger
* **Pour une économie du bon sens,**
  Bailey, Arthur
* **Québec sans le Canada, Le,**
  Harbron, John D.

* **Qui a tué Blanche Garneau?,**
  Bertrand, Réal
* **Réformiste, Le,** Godbout, Jacques
* **Relations du travail,** Centre des
  dirigeants d'entreprise
* **Sauver le monde,** Sanger, Clyde
* **Silences à voix haute,**
  Harel, Jean-Pierre

LIVRES DE POCHES 10 /10

* **37 1/2 AA,** Leblanc, Louise
* **Aaron,** Thériault, Yves
* **Agaguk,** Thériault, Yves
* **Blocs erratiques,** Aquin, Hubert
* **Bousille et les justes,** Gélinas, Gratien
* **Chère voisine,** Brouillet, Chrystine
* **Cul-de-sac,** Thériault, Yves
* **Demi-civilisés, Les,** Harvey, Jean-Charles
* **Dernier havre, Le,** Thériault, Yves
* **Double suspect, Le,** Monette, Madeleine

* **Faire sa mort comme faire l'amour,**
  Turgeon, Pierre
* **Fille laide, La,** Thériault, Yves
* **Fuites et poursuites,** Collectif
* **Première personne, La,** Turgeon, Pierre
* **Scouine, La,** Laberge, Albert
* **Simple soldat, Un,** Dubé, Marcel
* **Souffle de l'Harmattan, Le,**
  Trudel, Sylvain
* **Tayaout,** Thériault, Yves

LIVRES JEUNESSE

* **Marcus, fils de la louve,** Guay, Michel et
  Bernier, Jean

MÉMOIRES D'HOMME

* **À diable-vent,** Gauthier Chassé, Hélène
* **Barbes-bleues, Les,** Bergeron, Bertrand
* **C'était la plus jolie des filles,**
  Deschênes, Donald
* **Bête à sept têtes et autres contes de
  la Mauricie, La,** Legaré, Clément
* **Contes de bûcherons,**
  Dupont, Jean-Claude
* **Corbeau du Mont-de-la-Jeunesse, Le,**
  Desjardins, Philémon et
  Lamontagne, Gilles

* **Guide raisonné des jurons,**
  Pichette, Jean
* **Menteries drôles et merveilleuses,**
  Laforte, Conrad
* **Oiseau de la vérité, L',** Aucoin, Gérard
* **Pierre La Fève et autres contes de la
  Mauricie,** Legaré, Clément

ROMANS/THÉÂTRE

Achevé Imprimerie
d'imprimer Gagné Ltée
au Canada Louiseville